NOSTRADAMUS
(Michel de Notredam)
1503 – 1566

НОСТРАДАМУС

Центурии

Санкт-Петербург
Издательство «Азбука»
1999

УДК 1/14
Н 84

Текст печатается по изданию:
Нострадамус М. Центурии. М., 1991

ISBN 5-267-00018-3

Центурия I

ПОСЛАНИЕ СЫНУ ЦЕЗАРЮ,
С ПОЖЕЛАНИЕМ СЧАСТЬЯ И БЛАГОПОЛУЧИЯ

Ты поздно появился на свет, Цезарь Нострадамус, сын мой, а я провел так много времени в непрестанных трудах и ночных бдениях, что обязан оставить после моей смерти памятник явлениям, которые были открыты мне божественной сущностью в движении звезд. Бессмертный Бог слишком поздно привел тебя в этот мир, ты еще ребенок, и ты слабенький, ты пока что не можешь понять, что я обладаю даром проникать в будущее. Поскольку невозможно запечатлеть в письменах то, что может погибнуть от ран, нанесенных временем, мой наследственный дар оккультных прозрений будет схоронен в моей груди. Надо принять во внимание, что все, чему надлежит произойти в будущем, еще зыбко и неотчетливо, но все направляется всемогуществом Бога, который вдохновляет нас не вакхическим ужасом и не лимфатическим движением, а астрономическими эффектами. «Soli numine divino afflati Praesagiunt et spirito Prophetico Paricularia» («Пророчески предсказывать события может лишь тот, кто вдохновлен всемогуществом Бога»).

Я часто предсказывал, что именно произойдет, задолго до того, как предвиденное сбывалось, включая грядущие события в заранее указанных мною странах и местностях и объясняя случившееся божественной мудростью и вдохновением; но, несмотря на это, я готов был вырвать язык у моего пророческого дара: я не хотел, чтобы моя способность к прозрениям нанесла вред не только настоящему, но и будущему; ведь если искренне поведаешь о том, что случится в близких и далеких временах, то современные нам королевства, церкви, религии и мировоззрения нашли бы, что предвиденное настолько противоречит их идеалам, что они прокляли бы грядущие века, если бы знали всю правду о них наверняка.

Надо чутко прислушиваться к тому, что говорил нам Спаситель: «Nolite sanctum dare canibus neque mittatis margaritas vestras ante porcos, ne forte conculent eas pedibus suis, et conversi dirumpant vos» (Евангелие от Матфея. 7, 6). («Не давайте святыни псам и не мечите жемчуг ваш перед свиньями, чтоб они не попрали его ногами своими и, обернувшись, не растерзали вас».)

Памятуя об этом, я держал свой язык вдали от обличений в прозрениях, а перо — вдали от бумаги. Но позднее я ради общего блага принял решение пересилить себя и облачить мои писания в затемненные и труднодоступные слова и образы. Когда я провозглашал, что произойдет в будущем, указывая главным образом на самое значительное, я добивался, чтобы предвиденное мною (какими бы неожиданными и тяжкими ни оказывались грядущие перемены) не оскорбляло слуха и чувств внимающих мне: все более чем проницательное сокрыто мной в темной глуби образов, хотя «Abscondidisti hoec a sapientibus et prudentibus id est, potentibus et regibus, et enucleasti ea exiquis et tenuibus» («Ты скрываешь эти вещи от мудрых и благоразумных и открываешь их малым и слабым»).

Пророки предвидят неведомые вещи и явления и предсказывают будущее потому, что они получили дар прорицания от бессмертного Бога и добрых ангелов. Ибо ничего нельзя свершить без него, чье всемогущество и чья доброта к созданному им так велики. И, несмотря на то что люди — только творения Бога, среди них могут быть такие, которые благодаря их доброй гениальности возвысятся до ангелов. Жар от нездешнего огня и пророческое вдохновение пронизывают нас так же, как лучи солнца, согревающие и одушевленные, и неодушевленные тела. Но мы, поскольку мы тоже только люди, не можем с помощью приобретенных человечеством познаний проникнуть во все таинства Господа, созидателя нашего: «Quia non est nostrum noscere tempora, nec momenta» («Он же сказал им: не ваше дело знать времена или сроки, которые Отец положил своей власти»).

Могут быть лишь немногие, мироощущение которых всемогущий Бог окрыляет пониманием некоторых секретов Грядущего в согласии с юдиционарной астрологией. Так по вдохновению всемогущего избранные в состоянии судить о божественном и человеческом, и Бог научит нас божественным деяниям, которые так необходимы земле.

Но, сын мой, то, о чем я говорю тебе, может показаться слишком туманным. Способность эта размышлять о высших небесных телах присуща нашей речи тогда, когда находишь в себе силы предсказывать без страха и всякого стыда. И все это идет от чудотворной силы великого Бога, излучающей добро в наш мир.

Итак, сын мой, хотя я и пользуюсь здесь словом «пророк», я не присваиваю себе такого высокого звания, ибо «Propheta dicitur hodie, olim vocabatur videns» («Те, которых теперь зовут пророками, прежде были дальновидцами»).

Так было и в давно минувшие времена, когда нездешняя сила и врожденная способность проникать в будущее охватили этих немногих, как пламя неземного огня.

И только те, сын мой, достойны называться пророками, которые способны видеть явления и вещи, возносящиеся над уровнем достигнутых человечеством познаний, иными словами, пророки — это те, которые, освещая себе путь совершенным светом ясновидения, могут так же хорошо видеть божественные вещи, как и человеческие; или же пророки те, которые не могут не видеть результатов и последствий предсказаний будущего. И пророки мысленно преодолевают огромные расстояния во времени и пространстве, ибо таинства Бога непостижимы, и всему знанию, приобретенному человечеством, далеко до действенного могущества пророков.

Источник приобщения избранных к таинствам Бога — в свободной воле, ставшей откровением, потому что она дарована человеку Богом. Это объясняет нам причины появления тех вещей, которые не могли бы быть познаны ни человеческими способностями к предсказаниям, ни сокровенными науками или тайной мудростью, какие только известны на земле. Только целостное знание и Геркулианское откровение ведут через небесное движение (т. е. через движение звезд) к познанию первопричин того, что было, есть и будет.

Ты, сын мой, не можешь по-настоящему понять меня, потому что твой неокрепший мозг еще не в состоянии впитывать такого рода знания.

Будущие причины могли бы быть познанными человеческими существами, которых создал Господь, если бы вещи и явления настоящего и будущего не представлялись его творениям неясными и труднодоступными для интеллектуального постижения их подлинной сути. Но совершенным знанием сути вещей нельзя обладать без божественного вдохновения и первопричины всех божественных откровений — сначала в Боге-творце, потом в добром Благе и, наконец, в природе.

Поэтому причины появления или непоявления вещей и явлений постигаются, преображаясь в пророчества, сбывающиеся большей частью в тех местах, которые были найдены предсказанием до того, как оно сбылось; оккультные явления не могут быть выявлены посредством самых совершенных земных интеллектуальных понятий, если не услышать идущий из чистилища голос, похожий на пламя, бледное сияние которого и помогает проникнуть в будущее.

Итак, сын мой, я умоляю тебя не увлекаться той балаганной славой, которая заставляет сохнуть тело, обрушивает проклятия на душу и вызывает ощущения, недостойные подлинно высоких чувств.

Прежде всего с отвращением относись к позорной черной магии, запрещенной Священным Писанием и канонами Церкви; это не относится к юдициарной астрологии, которая, направляясь божественным вдохновением, дала нам возможность записать наши пророчества, руководствуясь непрестанными вычислениями.

Хотя оккультная философия и не была запрещена, я никогда не поддавался соблазнам подпасть под ее влияние, и многие переданные мне книги об этом искусстве приходилось долгое время прятать. Но после того, как я их прочел, я принес их в жертву Вулкану, потому что боялся того, к чему может привести хранение этих книг. И когда Вулкан пожирал книги и огонь накалил воздух, воссиял загадочный свет, более яркий и сильный, нежели пламя, к которому мы привыкли. Как будто весь дом был освещен вспышками молний, и казалось, весь дом — в огне.

Итак, сын мой, чтобы ты не пострадал от поисков волшебных превращений, как лунных, так и солнечных, и чтобы ты не занялся поисками нержавеющих металлов в водных глубинах, я сжег все запрещенные книги, пока они не превратились в пепел.

Но тот приговор, который я привел в исполнение, становится гораздо более могущественным благодаря приговору, вынесенному самим небом. Я сообщаю тебе об этом, чтобы ты имел ясные представления о предметном мире будущего и не попал в плен фантастических предположений, которые могут возникнуть; ибо это, в свою очередь, ограничило бы возможности того, что постигается сверхъестественным и мудрейшим вдохновением в соответствии с небесными символами или с помощью оккультного достояния и божественной мудрости.

Сила и мощь божественного вдохновения и небесных ангелов позволяют вечности понять три аспекта времени, понять эволюцию, которая связывает воедино прошлое, настоящее и будущее: «Quia on nia sunt nuda et aperta» («Весь мир обнажен и открыт»). Знай, сын мой, хотя твой мозг еще и не окреп, что твоя пробуждающаяся мысль все же может постичь события, которые будут после нас. Земные явления и вещи могут предстать пред тобой в нездешнем свете, затепленном пророческим духом. Но знай, что я не хочу даровать самому себе звание пророка, ибо я смертен, как и все, только чувства и мысли у меня так же соприкасаются с небом, как мои ноги — с землей. «Possum non errare, falli, decipi (albeit)» — «Я не ошибаюсь и не могу не достигнуть успеха». Я сам великий грешник в этом мире и не могу не поддаваться всем человеческим слабостям и соблазнам. Но иногда я поражал людей своим пророческим даром и долгими вычислениями. Я сам приходил в творческий экстаз, создавая в моем кабинете книги пророчеств, каждая из которых содержит ровно сто астрономических стансов, сознательно сделанных мною неясными. Мною установлена загадочная связь между четверостишиями этих книг, и это — пророчества на веки веков, ибо они открываются нашим (т. е. 1555 годом) и кончаются 3797 годом; и, поскольку мои пророчества охватывают такой колоссальный период времени и касаются всего в подлунном мире, некоторые будут смотреть на это косо, отнесутся к этому с недоверием. И если ты проживешь естественный для нормальной человеческой жизни отрезок времени, то и ты в твоем климате и под твоим родным небом станешь очевидцем и свидетелем происшествий, которые были мною предсказаны.

Один Бог знает, что значит вечность света, который воссоздает сам себя. И я говорю тем, чьи долгие меланхолические вдохновения согреты лучами вечного света с его непостижимым величием, что божественное вдохновение является той оккультной первопричиной, которой руководствуются две другие причины, важные для вразумления того, кто вдохновлен и пророчествует. Первая причина пронизана сверхъестественным сиянием и позволяет предсказывать по движению планет; другая причина прорицает через открытие, сделанное вдохновением человека, но оно является как бы соприкосновением с божественной вечностью и осуществляется через Бога-творца.

Идущий такими путями знает, что предсказанное им станет жизненной правдой. И он первоначально устремится к небесным высям и увидит бледный свет маленького пламени, живую искру истинного света, столь же действенную и возвышенную, как и сам свет, дающую философам уверенность в своих силах. И первопричина помогает мыслителям достигнуть глубоких познаний в самых сложных науках.

Но я не должен, сын мой, далеко удаляться от потенциальных возможностей понимания тобой того, о чем я говорю. Я нахожу, что ученые еще пожалеют о великих потерях, которые застанут их врасплох: придут, придут эры наводнений и нового великого потопа. Останется ничтожно мало земель, которые не были бы под водой. Потоп будет длиться так долго, что все этнографии и топографии сгинут. И перед новым потопом и после него во многих землях почти не будет дождей, и появится тьма сухого материала, который сделается добычей огня. С неба будут падать горящие камни, и не останется ничего, что не было бы выжженным, что сможет сохраниться и устоять. И все это произойдет, несомненно, до всесожжения, до великого пожара, который охватит землю.

Хотя планета Марс и перед концом своего курса, своего последнего оборота, тем не менее все начнется снова. Ряд звезд скопится в Аквариусе на долгие годы, другие звезды соберутся вокруг Рака тоже на долгие годы, до начала повторения.

Теперь нами правит Луна по воле всемогущего Бога. И еще до того, как Луна совершит свой оборот, воссияет Солнце, а потом — Сатурн. Небесные знаки позволяют нам определить, что царство Сатурна придет опять так, что вычисления показывают, что мир приближается к анаргонической революции (к деяниям смерти на земле). Не пройдет и 177 лет, трех месяцев и 11 дней с тех пор, как я пишу, и чума, голод, войны и, главным образом, наводнения так опустошат наш мир, что выживет очень мало людей и земля будет невспаханной и бесплодной, такой, какой она была до начала творенья. Мы сейчас живем в седьмом тысячелетии, которое скоро кончится и приведет нас к порогу восьмого, где находится небесная твердь и где есть свои широты.

В этом месте Всевышний завершит поднятую им космогоническую революцию, и небесные тела снова начнут свое движение, и это будет верховным движением, и оно сделает землю твердой и устойчивой, «non inclinabitur in seculum seculorum» (из-за этого она не будет отклоняться из века в век в разные стороны), пока не будет выполнена и не изменится воля Господня. Правда, мы придерживаемся двоякого мнения, и Магометовы грезы помогают нам переступить через черту естественных явлений, и иногда сам Бог через таких своих посланцев, как огонь и пламя, открывает нашим внешним ощущениям, и прежде всего нашим глазам, то, что вызывает предсказания, и иногда мы постигаем такие события, которых еще нет, зная, что они будут, обязательно будут. Это ясно тому, кто пророчествует. Пророчество, порожденное внутренним озарением, выявляется с внешним светом и через внешний свет, хотя проясняемое глазооткровением приходит только через брешь в ощущениях, обостренных воображением.

Явственной первоосновой того, что именно предсказывается, становится божественное вдохновение, или сошествие ангельского духа на человека, который возвышается до пророка. Дух этот во время ночных бдений устремляет его ввысь, озаряя нездешним светом его мироощущение. И с помощью астрономических указаний он пророчествует со сверхчеловеческой уверенностью, что пророчества сбудутся. Это делает предсказанное священным, и этим пророк обязан свободе и силе собственного ума, а не кому-либо или чему-либо еще.

Слушай же меня, сын мой! И вникай в то, что есть в моих астрологических откровениях, освященных божественным вдохновением: над нами уже занесены мечи, на нас идут приступом эпидемии и войны, гораздо более страшные, чем те, что были перенесены тремя поколениями, жившими раньше нас. На нас надвигается голод, который будет повторяться с такой же последовательностью, как и движения звезд. «Visitabo in virga ferrea iniquitates eorum, et in verberibus percutiam eos» («Я обличу их беззакония и злодейства и опрокину их ударами железной дубины»).

Знай, сын мой, что гнев Божий будет на длительный срок распростерт над землей. И еще до того, как сбудется предсказанное мною, вся земля попадет во власть яростных и частых ураганов и бурь. «Conteram ego, et confringam, et non miserebor», — сказал Господь («Я растопчу их, не дав никому никакой пощады»).

И тысячи других бедствий будут вызваны невероятным разливом вод и непрестанными дождями. Вот что я с большой полнотой утверждал в моих пророчествах, написанных в soluta oratione (в одиночестве), с обозначением мест, времен и обстоятельств, при которых исполнится предначертанное.

И люди, что будут жить после меня, или потомки их могут быть очевидцами бедствий и катастроф, предсказанных мной. Это мы уже отмечали, но по другому поводу проясняя наши чувства и мысли, хотя они и были задрапированы в темные покровы. «Sed quando submoventa erit ignorantia» («Многое прояснится, когда приспеет время устранить неведомое»).

Теперь мы перед самым концом, сын мой! Прими же как дар твоего отца это послание Мишеля Нострадамуса, надеющегося правильно истолковать тебе пророческий смысл этих четверостиший и молящего бессмертного Бога, чтобы он дал тебе долгую жизнь и благоденствие.

Послание составлено в Салоне
в марте 1555 г.

Таинственным знаньем пронизана память,
Подземные воды горят от свечи,
Трепещет и искрится бледное пламя
И в судьбы столетий бросает лучи.

Как будто сам Бог у меня за спиною
(Треножник из бронзы украсила вязь),
Он водит моею дрожащей рукою,
Небес и земли повелитель и князь.

Я вижу, как рушатся царские троны,
Когда их сметает людской ураган,
Республику сделает хуже короны
И белых и красных жестокий обман.

Суровый правитель появится в мире,
И в тине погрязнет ладья рыбака.
Ведь войн не унять самым ласковым лирам,
И быть деспотизму в грядущих веках.

Уходят они без тяжелых сражений,
Страну обоюдное горе гнетет,
Кому же Нарбонн с Каркассоном поверят,
Когда же смиренье в два сердца войдет?

За что будет выклеван глаз у Равенны,
И вырастут крылья у яростных ног?
Пусть двое возводят Туринские стены:
Свобода для Галлии выше тревог.

Вознесся глава фанатической секты,
Чьи волосы огненным вспыхнут костром,
Четырнадцать мудрому верят проекту,
Крестом, как мечом, сокрушая добро.

Быть часто во мгле и свободе, и солнцу.
Попал Гелиополис в тягостный плен.
Он данью и злом будет дико раскромсан,
И высосет Адрия кровь его вен.

Ну как, Ромулоиды, тяжко на свете?
На вас африканская буря идет,
И львиным прыжком наказующий ветер
Мальтийские земли за глотку возьмет.

Сержанты в строю возле клети железной,
Где мучатся семеро царских детей,
Под ними разверзлись все адские бездны.
Старик и ребенок во власти смертей.

С Сицилией вместе в единой орбите,
Неаполь крепит королевство Леон.
К союзу пожары и меч подключите:
Мозг Рима потерпит ущерб и урон.

Он лестно дорвется до власти порочной,
Позер и скотина, воспрявший с низов.
Он звезды сорвет политической ночью.
Вероною правит хвастливая кровь.

Не зря поспешили изгнанники клясться
Властителя силой с поста устранить,
Пусть в шахтах секреты врагов сохранятся.
И заговор старец сумеет разбить.

Славянский народ под ненастливым знаком,
Их тюрьмы и песни царям их не впрок,
На смену придет, как священный оракул,
Схоласт и догматик и ложный пророк.

Нам Марс угрожает военною силой,
Сквозь семьдесят битв предстоит нам пройти,
Должно быть, и Церковь сорвется в могилу,
От зла никого не удастся спасти.

Чума и война, человечество вздыбив,
Столетья ведут к моровому концу,
И выплеснет пруд пресноводную рыбу,
Чтоб звезды летели навстречу Стрельцу.

Лет сорок быть радуге с новым потопом,
Огромною аркой блеснув над водой,
И сорок лет засуха пыль будет сыпать на тропы
И сеять пустыни под гиблой звездой.

Зачем не едины беспечные галлы?
На Францию новый идет Магомет!
Италия! Море качать корабли не устало.
Марсель! В парусах неприкаянный свет.

Все небо в огне из-за змиев бездушных.
Прольется испанцем троянская кровь,
И вождь побежденных, врагам непослушный,
В болотной глуши стал разыскивать кров.

Во Франции ставят чужие палатки,
И грохот орудий раздался уже.
Тур, Нант и Блуа на позиции шаткой,
Шатаются Реймс, Орлеан и Ажан.

Не бойтесь пока что загадочной глины,
Насквозь пропитавшей сырую скалу,
Оттуда, из бездны, и вырвут актиний,
Как зверя, врученного новому злу.

Разруха и смерть оседлают науку.
Вся жизнь потеряет и ценность, и смысл,
А Лангр и Оттон ждут и стужа, и муки,
От войн и Шелон не поднимется ввысь.

Кабан с леопардом в неистовых схватках
На Марсовом поле встречают восход,
Орлиные крылья близ солнца так ярки,
Орла леопард, как спасителя, ждет.

Пусть небо осудит поверженный город.
Орел позабыл уцелевших врагов,
Хотя Мантуя и Кремона не скоро
Забудут про боль от былых батогов.

Мне дорог поборник отверженных знаний,
Вчерашний еретик, сегодня — герой,
Честь пастору, что обновит мирозданье,
Хоть древнее стало седою золой.

Большой человек погибает от молний.
Паденье другого предчувствует ночь.
Конфликт Реймс и Лондон надолго запомнят.
Тосканье холеру осилить невмочь.

Страшитесь паденья Кайенского дуба,
Зарыто сокровище где-то вблизи,
Но глаз смельчака, что его раздобудет,
С разбега копье боевое сразит.

Пусть башня у Роны трепещет от страха:
С Испании двинулись стаи фусте.
О Либра и Таурус! Все станет прахом,
Скот, люди, довольство не выживут здесь.

Моим современникам трудно поверить
В железных амфибий морей и земли,
Но эти чудовища выйдут на берег,
Крутая волна закипает вдали.

Потрепано бурями странное судно,
И видят неведомый порт паруса.
Но ветку от пальмы всем выловить трудно,
И смерть с грабежами клеймят небеса.

Знак Солнца троих награждает победой
Нежданною: Льва с Петухом да Орла.
Вся Франция вытерпит войны и беды,
Монарх Кастильянский войны не узнал.

Величье империи все-таки сгинет, —
И скипетр положит такая страна,
Земель завоеванных нет и в помине,
Остался без зерен кровавый гранат.

Шатается мост у огромной равнины.
Лев цезаря сильное войско ведет,
Он лапой весь град норовит опрокинуть,
Но только запоры с ворот не собьет.

Парит над окном эта хищная птица,
Предчувствуя в Галлии рокоты битв.
Боль слабых, поверь, в торжество превратится,
И добрые знаки растут из молитв.

Глаз в шлеме златом, как в тюрьме или клетке,
Он выбит, падучею ставши звездой,
В турнире лев старый был менее крепким,
Чем хитрый, отчаянный лев молодой.

Я знаю: монарх наконец пожалеет,
Что прежде щадил он врага своего.
Врага устраняют жестокой идеей,
Казнив всю родню и всех близких его.

Волною вечерней тот порт не шатает,
Затоплено Солнце под гладью морской.
Мосты и гробницы вражда разметает,
Великий народ воевал сам с собой.

Здесь Солнце с Орлом достигают победы
И милость поверженным громко сулят.
Но кто остановит грядущие беды?
Мечте об отмщенье поверженный рад.

Вождя задушили в его же кровати
За то, что обычай и честь предавал.
Теперь трех империй никчемны печати,
Раз писем с пакетами труп не читал.

И Константинополь закон свой изменит,
Пришедший с Египта составит эдикт,
Так тягостен звон отуреченных денег,
И дух безрассудства в реформы проник.

Немногих бежавших печаль да покинет
(Осада сжимала весь город в руке),
Пусть мать обнимает спасенного сына,
Принесшего письма и яд в узелке.

Где спрятаны кости влюбленных и Пселла?
Их дьяволы ищут в погасшей золе.
И десять апрельских календ преуспели
Воспрянуть из сумерек в Готтском числе.

Пусть смены империй командуют миром,
И пусть потрясенья страшат королей,
Нам мысль, как колонну, оставил Порфирий,
Приветствуя высь на щербатой скале.

Наступят жестокие годы лишений,
И воск будет стоить дешевле, чем мед.
Монахи и пастыри — жертвы гонений,
И ветер безбожные песни поет.

Догматиком создана новая вера.
Все зрелища славят великий обман.
Зверей благородною меркою мерят,
И зло как добро преподносится нам.

Великий огонь падал с гневного неба.
Три ночи стонала от взрывов земля.
Верь в чудо, напуганный, где бы ты ни был,
Нам Экс и Миранд горевать не велят.

Женевское озеро вытерпит скуку
Надменных, пустых и коварных речей.
Чинушам и всем дипломатам наука:
Не верьте в политику мертвых лучей.

Все гаснет, все гибнет и рушится в Лету.
Я слышу биенье последних сердец.
Пять тысяч годов да еще пять веков жить осталось свету,
И наша история встретит конец.

Проснется Восток в восемнадцатом веке.
Там даже снега оживут под луной.
Весь Север великого ждет человека:
Он правит наукой, трудом и войной.

Какая страна родилась в океане,
Где праздник справляют однажды в четверг,
К ее берегам мысль с энергией тянет,
И тянет ковчеги для наций и вер.

Когда три созвездья приходят в смятенье,
Реформы повенчаны с мраком и злом,
Спаси, Бог, Италию с Францией от столкновений:
Ведь смутное время в их земли пришло.

Два зла Скорпион совместил воедино:
Великий подвижник так зверски убит.
Европа утратила лучшего сына,
И церковь и трон там чума навестит.

Пусть новое золото люди добудут
И много найдут серебра в рудниках,
Но миру от этого счастья не будет:
Законы и совесть рассыплются в прах.

Злой людям придется дышать атмосферой,
Раз деспот возглавит кровавый совет,
Когда переменит законы и эры
Двух яростных бунтов мятущийся свет.

21

Растут в городах вавилонские башни.
На стены их брызжет народная кровь,
И весь небосвод будет гневом окрашен,
Чума с грабежами появится вновь.

Позднее иль раньше придут перемены.
Гоненья и ужас никто не смягчит.
Луной правит ангел, вскрывающий вены,
И небо дымящейся кровью чадит.

Итак, договор разрывается в клочья,
И кровь потечет из словесной борьбы;
Раз Солнце и меда, и сливок захочет,
То гневом пронизаны зовы трубы.

Вам странен уродец с двумя головами?
И будут четыре руки у него,
Но, если уж праздник Аквилла прославит,
Фоссан и Турин убегут от врагов.

Осыпан был пеплом изгнанников остров,
На смерть их ведет хромоногий маньяк,
Их жгут на кострах подлецы и прохвосты,
Но слово погибших пробьется сквозь мрак.

Рожден близ Италии дерзкий воитель,
Империя будет в мятежной стране!
Но сколько солдат за тебя перебито,
Чудесный мясник, в безуспешной войне!

Республика дышит несчастьем и грязью,
Зато разрастется ее аппарат,
С ней Швеция рвет ослабевшие связи,
И беженцам трудно спастись от утрат.

Огонь, наводненья, бессильные скиптры —
Источник страданий и тяжких потерь,
Латонский цикл в бедствия будет зарытым,
Не скоро добро приоткроет нам дверь.

Нас прошлое хлещет ударами плети,
Весь в ранах был долгий, но мертвый покой,
А взрослыми станут спасенные дети,
И жизнь будет взорвана новой войной.

Все небо звенело от воя драконов,
Свет солнца был виден и ночью и днем.
Кабан с человечьим лицом рвет законы,
И речи зверей полыхают огнем.

От молний страдает невинный ребенок,
Дофин без руки в королевском дворце.
Вся жизнь будет взорвана бунтом и стоном,
И трое знатнейших — в терновом венце.

Поля и сады этой вести не рады,
И крыши домов побелели как мел.
Избиты отчаянным штормом и градом
Виверс и Торнон, Монсерра и Праделл.

Везде распростерлись разбои и голод,
И жизнь обезрадит земные пути,
Травой зарастут опустевшие села,
И нет молока в материнской груди.

Жестокие муки ждут трех невиновных.
Какой же род пыток для них изберут?
Отраву иль шпаги гвардейцев злословных?
Нет, рот им большою воронкой заткнут.

Мир губят война, грабежи, наводненья...
И знайте, достигшие горных вершин:
Из хаоса трудно создать возрожденье,
Руины на дне не способны ожить.

Приходят из Персии вести дурные,
Там все под дождями, разбоем, войной,
И жребий такой же вся Франция вынет,
Готовясь стать новой, бесстрашной страной.

Враг трижды захватывал город у моря,
И трижды его отбивали назад,
С испанцем, с Италией, с варваром Франция спорит,
Пожар, блеск кинжалов идут на парад.

Да, жителей прежних не станет в Марселе,
Спасались повсюду, включая Лион,
Убитых и пленных смогли сосчитать еле-еле,
Число их составит почти миллион.

Тунис и Алжир расшевелены персом,
Пять штурмов французам легко ли сдержать?
Леон с Барселоной пока что не тронуты бесом,
И горько Венеции бурь поджидать.

Их парус летит на свиданье с Эпиром,
Стремясь Антиохии помощь подать.
И черные волосы вьются над миром,
Чтоб рыжебородым пришлось бедовать.

Сийенский тиран овладеет Савоной.
И Форт не подпустит рои парусов.
Две армии рвутся к дорогам Анконы.
Вождь! Страхи похуже взбесившихся псов!

В столетьях останется жесткое имя.
Рок дарит трем судьбам наследье свое.
Не злоба веселье народа поднимет,
А дело, которое совесть найдет.

Сам гордый Нептун черный парус заметил
В Калькре, когда флот огибал Рошеваль.
Кто ж умер, коня избивая злой плетью?
И меж двух морей воцарится печаль.

Народ домогается новых жакерий,
Разделится поле гражданской войной.
Ослабнет железная воля империй,
Былое растоптано гневной сестрой.

Предвижу борьбу городов меж собою,
Борьбу бед оружья за право на жизнь.
В Ажане и Эксе оплот монополий,
Бордо и Тулузу им надо загрызть.

Расколото молнией небо Бургондцев,
К худому шестая планета блестит.
Чудовищный зверь стал бродить у колодцев,
И бунт всю весну на дорогах свистит.

Смерть правит и Каппой, и Тетой, и Лямбдой.
Сойдет справедливость с распутья дорог.
Когда же законность подружится с правдой
И судьи — их девять — уйдут от тревог?

Боятся за будущность Австрия с Веной,
Решение вынес Великий Совет.
Здесь ветер трясет деревянные стены
И красит колонны в рубиновый цвет.

Шилон-чужестранец поделит добычу,
И гневом окрашены Марс и Сатурн,
Латинцев с Тосканцами страхи разыщут,
И Греция ждет пробуждения бурь.

Великого тенью огромной накрыло,
Кровавый фонтан бьет с отчаянных драк.
От копоти с Солнца все небо дымилось,
И диск всей Луны провалился во мрак.

Король опечален ответами леди,
Послы опасаются жизнь потерять,
Гнев, злоба и зависть стремятся к победе,
Великий не в силах на братьев напасть.

Высокие подвиги ждут королеву,
Она на коне поскакала нагой,
Над речкою грива пылает от гнева,
К чему приведет этот яростный бой?

Столкнулись великие скалы друг с другом,
И рушится город в провалы земли,
Из кратера лава расплескана к Югу,
И брег Аретузы был кровью залит.

Любовь может стать божеством и болезнью...
Но есть ли согласие церкви на брак?
Венец для великого держат над бездной.
Для бритых голов он гонитель и враг.

Быть в Мозеле яростным островитянам,
И люди Луары во власти смертей.
Вот город морскую погоню притянет,
И с башен видны паруса кораблей.

Неистовый монстр будет родом с Оргона.
Пусть колокол бьет в Пуатье и Бордо.
Рои парусов подплывают к Лангдону,
И Францию ждет Трансмонтановский гром.

Мы сами затеяли адские войны,
А Бог создал нас, чтоб мы были людьми.
Копье и мечи вижу в небе спокойном.
Быть бедствиям, многие лягут костьми.

Недолго царили покой с милосердьем,
Хотят взять реванш грабежи и разбой.
Ведь треть миллиона осудят созвездья.
Что ж! Смерть или плен обещает нам бой?

Италию будет знобить от волненья:
Не верят друг другу Орел и Петух.
Никто не избавит их от опасений.
В испанцах и кельтах дух злобы потух.

Война впереди, а не сон о свободе,
Хотя и убит был Селимский тиран.
В ком вспыхнула совесть, тот к мести негоден,
И страхом почет этой женщине дан.

Одним близнецом монастырь был построен
На крови героев с крестом на груди.
Здесь слава Вониска не знает покоя,
И орден могуществом мир удивит.

Падет фанатичная страсть к разрушеньям,
Раз вера тверда точно лучший гранит,
Безбожное слово подвержено тленью,
И злой фанатизм наш храм не сразит.

Ни меч, ни пожары того не достигнут,
Что может взять дьявольски хитрая речь.
Пойми же, король, что иллюзии гибнут,
Что крови напрасно не надобно течь.

В Фессалии, в Кандии тысяч пять пало,
Конец авантюрной затее вождя...
Он скрылся, и бурей корабль не свалит,
А мертвые в небо чужое глядят.

Союз трех правителей помнят столетья.
Весь мир обагрен небывалой войной.
Потомки! Нарбонн наш исхлестан был плетью,
И трупы на улицах помнили бой.

Весь воздух рад серой и ласковой птице,
Что ветку от пальмы держала в когтях...
Большая война наконец прекратится,
Хоть умер ведущий народы сквозь страх.

Центурия II

Гасконь под угрозой английского штурма,
Но дождь и мороз обесправят набег,
В Селине готовятся к действиям бурным,
Из холода в жар бросит яростный век.

Большой человек был повешен на рее.
За сколько же смерть покупает король?
Став белым, закон голубой не краснеет,
И Франция чувствует горечь и боль.

Огонь небывалый на море прольется,
Из плещущих рыб закипает уха,
Часть жителей больше домой не вернется,
Когда весь Родос стал похож на сухарь.

Становится кладбищем все побережье.
Повсюду разруха, и жителей нет в городах,
Ведь варвар в Монако, в Сицилии грабит и режет,
От лодок рыбачьих остался лишь прах.

Гонец был подхвачен железною рыбой,
Способной нырять до Романской земли.
Война управляет сиреневой зыбью
И к смерти большие ведет корабли.

Они разбивают ворота двух градов,
Насилия, голод, разбои, чума,
Живые здесь мертвыми сделаться рады,
Молитесь, чтоб Бог вам спасение дал!

Ждет голод людей, привезенных на остров,
Их мутит и рвет от древесной коры,
Но сходят дурные приметы с погоста,
Раз новый король лучший путь всем открыл.

Нет святости больше в соборах и храмах,
И попраны будут заветы Христа,
И с грудою старого, ржавого хлама
Смешается правды былой чистота.

Страна девять лет наслаждалася миром,
Но жаждущий крови убрал короля,
Народ погибает от гневного пира,
И новой свободы не видит земля.

Мне горько сказать, что жестокие эры
Опять завладеют мятежной землей,
И рабская будет царить атмосфера
Под маской любви и свободы большой.

Пусть знатные знают, что старший в их роде
Достигнет величья и к славе придет.
Но мощь эта страх поселяет в народе —
Потомкам предъявят мучительный счет.

Суд правый воскрес из античных фантазий,
Фанатиков злобных накажет монарх,
Сокровища в храмах их больше не дразнят,
Спокойный народ забывает про страх.

Пред смертью мы слушаем голос оттуда.
Пусть тело покинуто солнцем души.
День смерти духовным становится чудом
И днем возрождения стать порешит.

Со свитою в порт будут ждать королеву.
Отмстят ли за тех, кому выколот глаз?
Борьба направляется властью и гневом,
И берег был в брызгах от волн, как в слезах.

В Турин, в Пизу, в Асти нет доступа людям.
Правитель убит, и в руинах земля.
Кастор и Поллукс безрассудных осудят,
С воздушного судна за морем и сушей следя.

В тиранах узрят повелителей молний,
И падает с неба жестокий огонь.
Английская армия деспотов гонит,
Швейцарцы не будут под сильной грозой.

Грустит Богоматерь вблизи от вулкана,
И Этну увидел белеющий храм.
Здесь все виноградники в горе и ранах,
Все губит разливом рек северных стран.

Дожди помешали движенью двух армий,
И небо и море — сплошной водопад,
Не могут забыть даже спящие камни
Смерть этих семи, презирающих ад.

Пришельцам фортов для защиты не нужно,
Свободна от жителей эта земля.
Дороги, поля, города вырастают здесь дружно,
Но войны грядущему беды сулят.

Жестокое рабство ждет многие страны,
И взгляд василиска страшит короля.
Пусть братьям и сестрам напомнит о ранах
Покрытая кровью и горем земля.

Посол с неизвестным столкнулся в просторах.
Кораблик настигнут большие суда,
И к черному мосту притянут с позором,
Канаты и цепь отражает вода.

Солдаты не видят затопленный остров.
Земные деревья в воде не живут.
Клокочет волна исполинского роста,
И Ангелы смерти хоралы поют.

Но как умудрились разумные птицы
Орлиный дворец на крыле перенесть?
Пусть враг за рекой не устанет дивиться —
Военные хитрости трудно учесть.

Над зверем теперь уж не будет опеки.
Голодные звери плывут через Истр.
Решетки тюрьмы новым выбиты веком,
Дух бури немецкой над бездной повис.

Игра в благородный Союз провалилась,
И взят был обманом достойный наш форт,
Луару безвинною кровью залили,
Над Роной с Гаронной занесен топор.

Пожары и кровь станут знаком эпохи,
И бой проиграет большой человек,
А город израненный смотрит со вздохом
На По и Тезину, на трупы у рек.

Доносится с неба глас вещий и трубный,
И будущих бедствий нельзя избежать.
Замки с откровений сбивать очень трудно,
И трудно народам богов постигать.

Напрасно его признают за пророка
И будут дивиться заветам его.
Восставший народ чуда ждет раньше срока,
Потомкам своим не добыв ничего.

Восток сорван с мест ради власти над светом
Снега, горы, воды — в лавине людской.
Летают по воздуху, точно кометы,
Снаряды, разбившие прежний покой.

Он станет живым воплощеньем террора
И более дерзким, чем сам Ганнибал.
Ничто не сравнится с кровавым позором
Деяний, каких еще мир не встречал.

В Кампанье, в Кастилии засуху знают,
Но только такой не случалось вовек:
Трава и листва без дождей пропадают,
И высохли русла у жаждущих рек.

В Далмации — кровь, молоко и туманы!
В Словакии — слезы, стенанья и плач,
Чума и война станут Базельской раной,
И зверь из Равенны страшней, чем палач.

Могучий поток был низринут с Вероны,
Близ устья распухшей, мятущейся По,
Корабль затонул, видя берег Гаронны.
Когда ж генуэзцы вернутся в свой дом?

Безумная злость освятит поединок,
И шпаги всех братьев сверкнут у стола.
Готовности к сговору нет и в помине,
Вся Франция адской дуэлью больна.

Две речки о бедствии том не забудут,
Два дома во тьме полыхают огнем,
Два знака и Солнце печальными будут,
Сгоревших же станут опазнывать днем.

Тиран перехватывал письма пророка,
Чтоб вскрыть их коварной и жесткой рукой,
Но знай: безнаказанность проклята роком,
И смелая мысль не уйдет на покой.

На выручку посланы лучшие части,
Удастся ль отбить нам захваченный форт?
Разбой и чума обе стороны держат во власти,
Десятки убитых для них не укор.

Звезда восходящего скоро погаснет,
И был не у власти безвольный монарх.
Взял верх созидатель несбыточных басен:
Парадом командуют хитрость и страх.

Разрушены школы республик свободных,
Тиран отменяет нежесткую власть.
Германцу, испанцу, Италии грозы пригодны,
От дерзких оружий все может пропасть.

Горят корабли горевыми кострами,
И звери обиды несут парусам,
На сушу и море тревогу направят.
Когда же покой нам дадут небеса?

Великий бульдог воет тягостным воем.
Из траура вспыхнет свет новой звезды.
Двух солнц за семь дней даже тучи не скроют.
Святой после смерти на землю глядит.

Всесильный тиран погибает в постели.
Вся в ранах нога, перебито плечо.
Собаки, петух и коты свежей крови хотели,
И храбрость согрета надгробной свечой.

Три принца усердно врагов своих множат,
Комета с раздорами дружит всегда,
Змей в Тибре совсем не легко уничтожить,
Гнев неба познают земля и вода.

Пришли музыканты к блистательной леди.
Звучали цимбалы, звенела труба,
И колокол пел баритоновой медью,
Орла улететь заставляет борьба.

Несчастна та мать, что родит Андрогена!
Воздушная битва мир кровью зальет!
Но судьбы безвинно погибших нетленны,
И помощь комета Земле принесет.

Мотор разовьет сумасшедшую скорость,
Тараном пробив неприкаянный век.
Война будит мысль человека, который
Науке дает Прометеев разбег.

Дряхлейший противник отравлен был ядом,
И ожили прежде душимые им,
Спасаясь в пещерах, гонимые каменным градом,
Сумели они от невзгоды спастись.

Солдаты вершины штурмуют так скоро,
Раз к Рыбам вернулись Сатурн, Арий, Марс.
Сайгонцы! Ведь мозг ваш отравлен позором:
Никто из петли капитана не спас.

Созвездья не скроют мелитцам всей правды:
Не всех покоритель сумел обольстить,
Бежавшие в Родос, в Бизанс будут рады,
Так мало желающих с бурей идти.

Бывает, что старая рана солдата
Опасней, чем вред, нанесенный врагом.
Осада с Брюсселя и Ганда не снята,
И ветер войны завывает кругом.

Число жертв, как видимо, семьдесят восемь.
Пожар, и весь Лондон в огне, как в крови.
Мадонну на паперть горячую сбросит.
И вера в ожогах, раз мало любви.

Там жить под ударом двух землетрясений.
Два моря затопят Коринф и Эфес.
Война двух врагов! Слышны шумы сражений,
И бурей срываются звезды с небес.

За что нас преследуют горе и беды?
Быть дикому бедствию в этом порту,
Здесь губят невинных, безмолвствует небо,
Но честь знатной дамы хулы не сотрут.

Весь город у моря — в тоске и испуге,
И вождь опасался внезапных атак,
Что знатных и бедных пришельцы погубят,
Что девушек схватит неведомый враг.

Его полководец адрийцев прославил,
В речах на пирах он творил чудеса.
Но сам он погиб, не уйдя от расправы,
Страну от руин не умея спасать.

Корабль разобьется о скалы на море,
Погибнет Аббат, раз почует беду,
И тот, кто ушел от меча и от мора,
Был молнией ярой сражен на ходу.

Стена обвалилась еще перед боем,
И гибель великого встретят с тоской,
Кровь смешана с глиной и кажется гноем,
Разбитая лодка не сладит с волной.

Нет рук и нет ног, только хищные зубы
У страшного шара, что грозен, как черт.
Кого он с изменником вместе погубит?
Луна осветит покидаемый порт.

Фронт Франции рвет Провансальские земли,
Нептун, видно, действует с ним заодно,
Нарбонн же и копьям и дротикам внемлет.
И Марс метит город кровавым пятном.

В крови будут волны, на дно канут трупы убитых.
Доволен и мул, раз накормят овсом.
Прервались б скорей Пуникийские битвы,
Чтоб дух перемен не полег под косой.

Над гаванью свищет стрела с арбалетов,
Солдаты по лестнице к форту взнеслись.
Кровавые руки над брешью воздеты,
И пламя и дым за рекою рвались.

О люди и звери! Вас ждет катастрофа,
Мабус к вам идет, чтоб средь вас умереть.
Комета с возмездья срывает покровы,
Разбои, кровь, жажду неся на хвосте.

Флот Франции не для угрозы Осону.
Честь Марны и Сены лежит на весах.
Но новой стены не пробьешь и не сронишь,
И жизнь Властелина возьмут небеса.

Женевцев томить станут жажда и голод,
Но Бог ослабевшему помощь дает.
В Иллирии скорбь будет действовать скоро.
Поверьте, что флот в этот порт не войдет.

Шум парка наполнен бедой небывалой,
Созвездья прольют окровавленный свет.
На палубу мачта, как факел горящий, упала,
Теперь Инсурбия не встретит рассвет.

Он схвачен толпой у дворцовой колонны,
И город в осаде спасется от тьмы.
Позднее судьба не была благосклонной
К вождю, что когда-то бежал из тюрьмы.

Предвижу раздел океанских просторов.
И новые страны над белым пятном.
Дуэль кораблей разыгралась на море,
И плавают бочки с продавленным дном.

Взметнувшие Север — в могучем стремленье
Широко врата распахнуть в океан,
И Англия жаждет расширить владенья,
Тесня паруса неугодных ей стран.

Величье монархии рвут разногласья,
На время лишь счастлив французский король,
Со знати соседей срываются шляпы ненастьем,
И к нам перейдет безысходная боль.

С небес рвутся дротики, камни, раздоры,
Людей и деревья свирепо круша,
Но зверь ужаснется былого террора,
Когда искупления жаждет душа.

В Сицилию толпы изгнанников гонит,
Их голод и смерть обойдут стороной,
Их поздно искать, и их рок не затронет,
Раз жизни согреты счастливой звездой.

В Италию вторгнется армия галлов,
И римляне, изнемогая в борьбе,
Опять близ Тицина от страха воспряли,
Но под Рубиконом им не до побед.

Урод троерукий иль демон сражений
Три трона для Эндимиона несет.
Бенекльский берег фуцинские волны оценит,
И порт Лориньона война захлестнет.

Их видят и Сена с Осоном и Роной,
Привал их вблизи Пиренейских вершин,
Недолго пришедшим под знаком Анконы
Все судьбы и моря и суши вершить.

Чей труп возле дома злых птиц беспокоит?
На золото можно сухарь променять.
Ведь бушель пшеницы так дорого стоит,
Что люди друг друга готовы пожрать.

Свет молний в Бургундии будет зловещим,
Точь-в-точь раскаленные копья в аду,
Сакристы в сенате коварством заблещут.
Раз тайные цели врагу отдадут.

Пожар озаряет свистящие стрелы
И черные чаны с кипящей смолой,
Противники стены разрушить успели,
Предателей скрыл тайный ход под землей.

Нептун выпьет кровью наполненный кубок,
И галл с пуникийцем уходят ко дну.
Меч в ножнах, но мир острова не полюбят,
Мечта о пространстве не может уснуть.

Муж чернобородый умеет сражаться,
Презрев величайшую ярость и гнев,
И Генрих Великий способен сражаться,
Спасенных из плена в Селине пригрев.

Большой человек оказался плененным.
Покой лечит раны и тел и души,
Но он не из тех, кто навек побежденный,
Спастись от врагов он серьезно решит.

Волной бьет преемника Девкалиона,
И город с небес поливало огнем,
А Либру не тянет к ее Фаэтону,
И флот африканцев сардинец клянет.

Голодные рыщут у логова волка
И думают зверя живьем захватить.
Здесь старший пред крайним проявит сноровку,
И властных в толпе бесполезно учить.

Юра и Суабия — в сильных туманах.
Посеявший битвы увечья пожнет.
Руинное время из мглы не воспрянет,
И рана солдата, поверь, заживет.

Но целых полгода и девять дней горших
Дожди позабыли об этих полях.
В Кампанье, в Сиене и в Остии ропщут,
В Далмации чуждый язык не зачах.

Живой арбалет мечет молнии с неба,
И кровь с лигурийской смешалась водой,
Цени независимость, где бы ты ни был,
Лион над Орлом вознесен был судьбой.

Давно Адриатику штормом шатает,
Здесь в щепы разбиты большие суда,
Египет горячка земли ожидает,
И горем пропахла морская вода.

Честь викингов смешана с кровью немецкой,
И он занимал позолоченный трон,
И рабство и воды знакомятся с дерзким,
Он знатною женщиной не укрощен.

Весь округ в плену у золы и развалин.
Седьмому и пятому горестно жить.
А третий надежды в мечи переплавит,
И армиям ближе не Экс, а Париж.

Богатства и земли своим обещая,
Увяз этот демон по горло в крови,
Два сильных великий союз заключают,
Желая вампира совсем затравить.

Разбитая Венгрия жизнь переменит,
Законы Востока разлуку сулят.
Кастор и Поллукс! Во вражде ваши тени!
И выпьет столица страдальческий яд.

Под утро быть солнцу бледнее пожаров,
И к северу тянутся грохот и дым,
Что голоду меч, наносящий удары,
И плач материнский столетьям не смыть.

Расплавленным золотом светится небо,
Чудесный огонь стал убийцей людей,
В открытьях есть зло без духовного хлеба,
Изгнанье и смерть появились везде.

От Тибра до Ливии веет грозою,
Бьет пламя из замка и окон дворца,
Строитель больших кораблей — пред огромной бедою,
Ему не уйти от плохого конца.

Великий француз одолел оборону,
Велик нанесенный Италии вред,
Не пустят в изгнание четверть мильона,
И люди у моря натерпятся бед.

Полки бунтарей на захваченном поле,
И много пустых и покинутых мест.
Народ! Нет тебе благоденствия боле,
Раз братская бойня готовится здесь.

Все небо окрашено кровью пожаров...
И ночь озаряют мечи и разбой.
Здесь перс македонцам наносит удары,
И Рона истерзана зверской войной.

Две речки красивейший город омыли,
Но римлянин Понтиф не вступит на мост.
Кровь брызнет на землю, покрытую пылью,
Чтоб куст ярких роз из несчастия рос.

Воспрянет фанатик идеи кровавой.
Ко Льву жмется Солнце над грешной землей.
Будь проклята эта вселенская слава,
Омытая жертвенной кровью людской.

Флот вдаль унесен резким северным ветром,
И кельтов пугает решительный час.
Пусть Рим недоволен был Францией дерзкой:
Пророчества стали звучать как приказ.

Гудят острова, как встревоженный улей,
Но их не сломает военный сюрприз.
На твердую линию люди вернулись,
С вождем все грабителей бить поднялись.

Центурия III

Уже не бушуют морские сраженья,
Великий Нептун отдыхает в глуби,
И красный бледнеет, боясь пораженья,
Но сам угрожает врага погубить.

Философ! Ищи золотой самородок
В мистических соках души и небес!
Дух — воздух материи всякого рода,
И Бог в частых звездах для знаний воскрес.

Шатает дно Азии землетрясеньем,
Люб Марсу с Меркурием блеск серебра.
В Коринфе, в Эфесе заметны волненья,
И засуха Югу не хочет добра.

Оракул далек от иллюзий и страха,
Погоня за златом не знает границ,
Созвездья грозят нам руинами, засухой, прахом,
И колокол слова так скорбно звенит.

Быть бедствию между апрелем и мартом,
Затмению Солнца и рыжей Луны.
Двум слабым и щедрому голод смешает все карты.
Земля слышит звук милосердной струны.

Расколоты молнией старые храмы,
Страдалец-народ устремился туда.
Ослы, кони, люди и древняя память
Защиты от голода ищут всегда.

Садится звезда на копье боевое,
Грай воронов слился со звоном мечей,
К стене бунтари понеслися волною,
И плачем погашен свет новых лучей.

Уэльс звал соседей к большому союзу,
Чтоб вместе Испанию силы лишить,
Французская Лига да будет ей грузом,
Который мешает свободу душить.

Чужие хотят завладеть океаном,
Поддержат Бордо и Рашель и Руан.
Британцы, бретонцы, бельгийцы наносят им раны,
Их флот у враждебных им градов и стран.

Грабеж и разбои кровавою бурей
Семь раз по всему побережью пройдут.
Монако живет под невольничьей хмурью,
Вождь самоубийством закончил маршрут.

Над городом будут воздушные битвы,
И в центре деревья срывает с корней.
В Венеции ждут короля для молитвы,
Нужны ли гондолы для царства теней?

Затоптаны земли у озера Леман,
И сильно разлились По, Тибр, Хебрус,
Плоты и погибших считал водяной ли демон?
Двух взятых правителей встретила грусть.

В темнице один пожирает другого.
Бьет молния в город, дворцы на куски разорвав,
Суда под водою грозят осьминогам,
В ковчеге златой и серебряный сплав.

О, Франция! Где твоя прежняя слава?
Слабеют потомки великих отцов.
Честь, труд и богатство нам дети отравят,
Но верьте в того, кто спасет им лицо!

Я знаю, как встретит военную славу
Неистовый регент на белом коне,
Но только не он будет Францией править,
А души погибших в мятежной войне.

Зов сердца сильнее удачи и власти,
Принц Англии в двух поединках бывал.
Один для него обернулся несчастьем,
Любимый сын матери сам горевал.

Ночь любит костер на хребте Авентайна.
Фламандцам досаден клубящийся дым.
Монарх изгоняет племянника тайно,
Но Церковь не хочет об этом забыть.

Сперва заструятся молочные ливни,
Потом вспышки молний весь Реймс огрустят.
Кровавые схватки отцов и детей мне противны,
Король короля будет видеть не рад.

В Люкке умирает и принц, и правитель,
Так ждите, что будет иной магистрат.
Молочных, но с кровью дождей берегитесь!
Люкка! Бойся голода, войн и утрат.

Бьет Восток королевство Гренаду.
Не струится, а кровью исходит Бетиз.
Магометовым людям воспрять духом надо.
Ну, предатель с Кордовы, хватай же свой приз!

Была в Адриатике найдена рыба.
Ее голова как у многих людей.
У всех корабельщиков волосы дыбом,
И нет Петуха на просторах морей.

Шесть дней этот город выдерживал штурмы.
Война беспощадна с обеих сторон.
Здесь три заключенных, усталых и хмурых,
Бросают мечи и сдаются в полон.

Зайдет ли Француз в Лигурийское море?
Увидит ли пальмы его островов?
Народ Магомета ждут голод и горе:
Араб гложет кости коней и ослов.

Настанут эпохи великих волнений,
Народ и довольство сгорят в мятежах.
Не сбился ль с пути возродивший нас гений?
Я — друг твой, о Франция! Мне ли тебе угрожать?

Он будет владеть королевством Наварра.
Неаполь с Сицилией вместе пойдет.
Фойкс сдержит Бигорру и Ландес недаром,
Один слишком сильно к Испании льнет.

Не думайте про короля или принца,
Что он одновременно идол и бог.
Пусть рок воскрешает гонимых провидцев,
Что трубят в украшенный жемчугом рог.

На эти сокровища не наглядеться,
Но принц Либианы к богатству привык.
Французу не ясно арабское сердце,
Но будет понятен арабский язык.

Красивая женщина станет у власти,
На долгие годы пленив короля.
Народное благо не жертвуют страсти,
И худших времен не видала земля.

Быть дерзостным битвам на море и суше!
Погибнет в боях поколенье отцов.
В открытьях науки погибшие души
Куют для реванша оружье сынов.

Дерзкий гений боев и турниров,
Тот, который и хитростью брал,
Сдал судьбу шестерым командирам,
Взят в постели среди одеял.

Две армии трижды сшибутся в сраженье:
В Мединской, в Арабской, в Армянской земле.
Народ Сулеймана стал гибнуть в мученьях,
И берег Аракса о славе скорбел.

Могилы найдут Аквитанские люди
В сожженных раздольях Тосканских земель,
Марс в угол немецкий заглядывать будет,
И скорбно звенит мантуанская трель.

Как чудо такой переход через Альпы.
Большой полководец обставил врага,
Замолкли вдали орудийные залпы.
Солдат не страшат голубые снега.

Не полдень ли время явления зверя?
Затмение Солнца пророк предсказал.
А ранее в голод никто не поверил,
Надежных запасов никто не создал.

Покинули многие запад Европы,
Где вождь будет родом из низких людей.
Одним — все соблазны, другим — плеть и ропот,
Так учит он жизнью и миром владеть.

Будь проклят, жестокий и злобный еретик,
Хотевший народ и закон изменить.
Сгорит его власть. Кто за злобу в ответе?
Людей, им убитых, нельзя воскресить.

Снаряды разрушат старинные стены,
И кровь будет смешана с ярым огнем,
Молись, осажденный, боящийся плена,
Был коршун заклеван свирепым орлом.

Мечом разрубается сбор винограда.
Француз и союзник — у горных вершин,
Победы иль смерти добиться им надо...
Что сговор правителей нам предрешит?

В три месяца думали семеро дерзких
Совсем Апеннинские Альпы занять.
Но бури и трусость того генуэзца
Ослабили злую и хмурую рать.

Война точно бой гладиаторов в цирке,
Кровь смочит песок и теперь, как тогда.
Кого тянет в сети кровавый и прыткий?
Чья гибель коварством и злобой горда?

Сверхметким снарядом летящему змею
Был в воздухе вышиблен огненный глаз.
Измена в совете правителя зреет,
И будет не выполнен строгий приказ.

Двузубый младенец родится к несчастью.
В Тоскании каменный падает дождь,
Ячмень и пшеницу повалит ненастьем,
В бесхлебные годы жизнь станет невмочь.

Они — родом с Тара, Гаронны и Лота —
Пробьются к врагу с Апеннинских хребтов.
Могилам близ Рима с Анконой нет счета,
И черный в трофей обернуться готов.

Ей больно за нас, а совсем не от молний.
Грозе ненавистен страдальческий лик.
Глядит Богоматерь на нас, будто мы в преисподней,
Паря над землею, похожей на стон и на крик.

В храм Божий прокралися пять святотатцев,
И кровь пролилась на церковном полу,
Кому над законом пришлось измываться?
И право в Тулузе бесчестьем зальют.

Спроси у покрытого звездами неба
Про город, который построил Планкус.
Ни злого, ни доброго больше не требуй,
У судеб порою меняется вкус.

И бури эпохи срывают знамена,
Но ждет возрождения бывший монарх.
Надежды его на Восток несогбенный,
И вот в Митилены погнал его страх.

Убить половину! Другие зачахнут.
Семь тысяч несчастных томятся в плену.
Крепитесь, огарки! Надеждой запахло.
Как жаль, что пятнадцать в могилу сойдут.

Всю Францию ждут перемены крутые,
Событья летят на бунтарских конях.
Мятеж учреждает законы иные,
В Париже, в Руане господствует страх.

Республика держит кровавое знамя,
Как праздник встречая уход короля,
Но только погаснет мятежное пламя.
И смерть эшафотов увидит земля.

Блуа не желает кровавой дороги,
Париж станет центром великих убийств,
В Ажане, Труа и Лангезах угрюмо жить многим,
Зато Орлеан ценит прежнюю жизнь.

Есть страны, где рожь от дождей пропадает.
В Апулии ж засуха губит хлеба,
Орлиную слабость Петух замечает,
И Льва изнуряет больная борьба.

Так! Аугсбург, Нюренберг взяты врагами,
А их подчинит себе вождь Агриппин,
Во Фландрии реет военное знамя,
Во Францию сильный противник спешит.

Испания!.. Годы великой разрухи,
А после — порядок и твердая власть...
Две армии бьются и служат враждующим духам,
И беженцы в пропасть боятся упасть.

Король одноглазый теперь опечален:
Великий Блуа его друга убил.
Законы страны и двора горевали:
Всю Францию надвое гнев разделил.

Я вижу, как рушатся стены в Лионе,
Как бурею сносит в Париже мосты...
Ведь большую часть шестисот семи дюжин хоронят,
Дождь с градом сечет на дорогах кусты.

Семь раз изменяла вся Англия облик.
Почти триста лет кровь струилась рекой.
Германия с Францией ждали здесь долго,
Страна над раздвоенной звездной судьбой.

В Норильских горах был родной ему воздух.
Величие дел его смели забыть.
Большой человек в мир пришел слишком поздно,
Но Венгрию с Польшей успел защитить.

Мне страшен неведомый третий правитель
Загадочной, варварской, снежной страны,
Его же соратники им же убиты,
И старость его только ад охранит.

Из Азии вырвутся демоны злобы,
Памфилию с Лидией ждет круговерть.
Здесь темный конец может многих угробить,
И кровь пропитает и небо и твердь.

Великое братство с крестом христианским
Близ бурной реки тихий свет разнесет,
Из Месопотамии шло постоянство,
Которое враг и предатель взорвет.

Рука коротка, но язык его остер и длинен,
И он в Каркассоне опору найдет.
С бурливой Дуро, с Киринейского моря он виден,
И он до вершин Пиренейских дойдет.

Могущество Рима в куски разлетится.
Великий сосед разделяет судьбу.
Сомнительный гений в шута обратится.
Вчерашних союзников гонят и бьют.

Шах Персии будет с коммерческим флотом.
Судам боевым — оттеснять мусульман!
В Цикладах грабеж, будут в Лидии их аванпосты,
Им отдых в порту ионическом дан.

Дождались выборов нового Папы,
Но рано достойный погиб кандидат,
Из древней гробницы вампировы лапы
Послали внезапно подсыпанный яд.

Погибнет великий бейлиф Орлеана,
Замучен он мстящей, коварной рукой,
Ему ноги, руки связали обманом
И пыткой отправили в вечный покой.

Взойдет деспотизм философии новой,
Предтеча германской атаки на мир,
Крамольные мысли и смелое слово
Фанатики гнева хотят усмирить.

Заброшены в Крым итальийские части,
Испанцы зачем-то пробрались туда,
Кто глупо растравит чужое несчастье,
Сам гибнет во вражеских гневных водах.

Пойдет далеко молодой полководец,
Но пленом закончится слава его,
А полукабан старика в миротворцы проводит:
Шалон и Мансон слепо дружат с врагом.

Великобритания (значит, и Англия) будет
Страдать от разлива взъярившихся вод,
Ее Итальянская лига осудит
И снова поднимет народ на народ.

Те островитяне спаслись от осады,
Дав резкий отпор удалому врагу.
Те, кто голодал, будут искренне рады
Ограбить врагов, что в смятенье бегут.

Лежит в одинокой могиле правитель,
И берег реки стережет его прах...
За золото титул другому купите:
Плебей держит знать в драгоценных тисках.

На горе всем тем, кто не с ним и не с ними,
Хромец дотянулся до важных постов,
Позор для страны это громкое имя,
Зверей не смягчить христианским крестом.

Неаполь, Флоренция, Фаенца с Имолой
Натерпятся горя от их неудач.
И был недоволен несчастный из Молы,
Дразнивший начальство, терпи и не плачь!

Верона, Винченца и вся Сарагоса —
В крови, что стекает с преступных мечей.
Злодеев, бандитов к ответу не просят...
Как долго нам ждать благодатных лучей.

Откажется немец от веры Христовой,
К языческим жизнь повернет временам,
Душа его будет в темнице суровой,
И он за жестокость поплатится сам.

Конец октября двадцать пятого года
И век двадцать первый с тягчайшей войной,
Крушители веры своих устыдятся народов,
Шах Персии смят египтянской враждой.

В темнице томятся матросы с Востока,
Их взяли шесть немцев с шотландским вождем,
С Калькре до Испании топчет их роком.
Рабов, как подарка, шах Персии ждет.

Весь город охвачен тревогой и страхом,
Жалея напрасно разрушенный мост,
Маньяк, политическим поднятый крахом,
Занял генеральский, ответственный пост.

Стрекозы командуют бурей и ветром,
Железная буря — в груди у стрекоз,
Эрвин и Антибы войною отпеты,
Кто жизнь защитит от смертей и угроз?

Фатальны и тягостны судьбы Фоцена,
И выполнен будет суровый приказ,
Весь порт, точно волнами с гневною пеной,
Был залит врагом, что всем спуску не даст.

Его англичане отвергли с позором,
Гнев сжег бредовые советы его,
Партнеры непрочною стали опорой,
И выродок так и остался врагом.

Агент с Аквитании брошен в темницу,
Кельт длинноволосый его разглядел,
Какие же силы теперь под запретом?
И кто напряженность создать захотел?

Я вижу руинный, заброшенный город,
Он вымер, и жителей нет у него,
Бежали блудницы, убийцы и воры,
И мертвые пушки не ждут никого.

Был город захвачен коварством, обманом...
Разгул Раубинов вблизи от Ланде.
Предатель-юнец не пирует в их стане —
Убит он; друзья его гибнут везде.

Вожак из Осона в Испанию хочет.
Но путь его прерван в Марсельском порту,
Тоска перед смертью смежит его очи,
Предвидя грядущее чудо в цвету.

С Сардинии в Корсику флот не прибудет,
Обидно за Францию в этой стране,
Ведь, веря ей, гибнут и мучатся люди,
А берег так ревностно ждал кораблей.

Огромную армию жди с Барселоны,
И вот уже страхом овеян Марсель.
И страх острова очень сильно затронет,
Предатель плывет, чтобы скрыть свою цель.

Отрезана помощь с Эгейского моря,
Убит был старик, что хотел воевать.
Король с королевой в соблазне и горе:
И Кипр не может с врагом совладать.

Был пойман Сатир или Тигр Хиркании,
Везет адмирал драгоценный трофей.
Карманья уже за кормой; флот был в синей стихии,
К Фоцену неслись паруса кораблей.

Засохшее черное голое древо
За ночь возродилось, листвой шелестя.
Пусть честную мысль гонят местью и гневом!..
Ведь ею, как солнцем, всю жизнь осветят.

Последний период всю землю задушит,
Сатурну нас поздно спасать от обид.
В империи множатся черные души,
И вырвет Нарбонн ее глаз из орбит.

Правителю надобно быть в Авиньоне,
Когда опустеет от распрей Париж,
И гнев каннибальский Триканцев не тронет,
На смуты Лион променял гладь и тишь.

Да, скоро появится гений на свете,
Что станет орнаментом новых времен,
Искусство и мысль всех последних столетий
Еще не видали столь мощных знамен.

Есть сила в ученье и вымыслах Мора,
Ее сквозь века понесет Борисфен.
Здесь бурей ломает гнилые опоры,
И шторм стал стихией иных атмосфер.

Фосанца нашли с перерезанным горлом,
И Гончие Псы верят в черный успех,
У скал Тартианских дыхание сперло.
Февраль! День тринадцатый знал этот грех.

Империя варваров встретит крушенье
Скорее, чем Феб совершит оборот,
И Сирия встретится с преображеньем,
Раз новый расцвет в Палестину придет.

Один на другого поднялись два брата,
И вспыхнет война не на жизнь, а на смерть,
Любая победа умножит утраты,
И пролитой крови векам не стереть.

Две армии сшиблись в свирепом сраженье,
И топчут медовое поле бои.
Вершины Дюранса всей Месопотамии внемлют,
Раз Франция ведает цели свои.

Во Франции будут террор и насилья,
Завистник падет, пораженный стрелой.
Не казнь ль короля даст нам новые крылья?
Кто ж — друг или враг — нас прославит войной?

Центурия IV

Здесь жалкий остаток непролитой крови,
Венеция слабнет теперь для борьбы,
Но к битвам, союзники, будьте готовы
И слушайте первые зовы трубы.

Флот двинулся к морю, войска — к Пиренеям,
И Франция яростно ринется в бой,
Став беженкой, знатная дама мрачнеет.
Испания борется с горькой судьбой.

Гасконцы готовят мечи для отпора,
Льют бронзу людскую Аррас и Буржес.
Испанская кровь брызнет в Рону с позором,
И Горный Сагунтис не виден с небес.

Принц немощный был возмущен и рассержен:
Петух с Либикией разграбят страну,
Рои парусов устрашат побережье,
Но им итальянцы свой брег не сдадут.

В церквах славят мир под божественным словом,
Испания с Францией дружно живут,
Но крест истекает солдатскою кровью,
Сердца новых битв с замиранием ждут.

Эпоха наденет нам новое платье:
Стал век революции веком машин!
В тени эшафота все люди есть братья,
Обман на процессах нас будет страшить.

Да, трон недоступен стал юному принцу:
Проказой изъедено тело его.
Мать чахнет от горя, совсем не боясь заразиться,
И властвовать будет здоровый, другой.

Град был опрокинут внезапной атакой,
Противник успел часовых перебить,
Разбиты врата Сент-Квентина во мраке...
Когда же убитых начнут хоронить?

Так! Лук и в толпе отыскал воеводу,
Стрела между ребер коварно впилась,
Льет слезы Женева, почуяв невзгоду,
Лозанна с ней подло и зло обошлась.

Страдать без вины горько юному принцу,
Он жертва интриги и яростных ссор,
Вождь гибнет, восстание может продлиться,
Раз троны сжигает мятежный костер.

У них вместо почвы парчовая скатерть.
Двенадцать, все в красном, сидят у стола.
Знай, грязью и кровью покроется паперть;
Преступны творимые ими дела!

Весь лагерь сперва разнесли по приказу,
Погнались потом за бежавшим врагом,
Недолго удержится взявший нас сразу:
Французу не быть под чужим сапогом!

Правитель уйдет из своей же фаланги,
И все поразятся, услышав приказ,
Мятеж поднимается с левого фланга
И снова утраты обрушит на нас.

Внезапно скончается крупный правитель,
Весь мир поразивший размахом реформ,
Но будет преступным его заменитель,
Неистовый враг всех традиций и норм.

Таких не погубишь голодным измором,
Глупец, кто хотел затопить их в воде,
Страной отвоевана суша у моря,
Пшеница и масло красуются здесь.

Быть вольному городу в рабстве и горе!
Мечтатель чужбинных поймет беглецов.
Пусть царь с ремеслом не желает быть в ссоре,
Так трудно потомкам забыть про отцов!

Салон, Бин и Нус омрачат перемены,
А герцог налоги жестоко взвинтил,
Хвост рыбы железной был в злости и пене,
И дверь внутрь рыбы купец смастерил.

Наука и мысль нам дарованы Богом,
Но будут объявлены тяжким грехом,
Фанатик и деспот духовно убоги,
Раз гении заживо вспыхнут костром.

Руан под осадой Италии будет,
От гула дрожат и земля и вода,
Грабителей с Кента и Льежа не судят,
Рыбак с побережья вторженцам не рад.

Так вышло, что очень недолго гордился
Покоем и миром благой Флер де Лис,
Надежды за плот не могли ухватиться,
И трупы на вязкое дно улеглись.

Предвижу во всем перемены крутые,
Деревня и град вместо воли — в цепях.
В изгнанье ценивший иные святыни,
Народы и страны низринуты в страх.

Пресечь собираясь гражданскую битву,
Монарх сбросил с плеч свой оборванный плащ,
Был жалок сменивший мечи на молитву,
Смещен мятежами был раб неудач.

Во флоте появится страшная сила:
В гремучую смесь входят сера, смола...
Селинцев огнем и удушьем косило,
И враг станет жертвою грозного зла.

Бунтарь раскидает сокровища в храме,
Глаголом мадонн говорят подлецы,
Святых убивает бесовское пламя,
Но их человечность не сгубят льстецы.

Мы звезды откроем оптическим глазом,
Невидимый мир воссияет во мгле,
Нас Бог вдохновит сокровенным указом,
Космический путь приближая к Земле.

Никто не узнает, откуда опасность,
Нас жалят рои разъярившихся пчел,
Измена пяти языков не напрасна,
И преданный город к паденью пришел.

Античному храму сродни пирамиды,
Руина даст датскому принцу совет:
«Меняйте, как выкуп за храм Артемиды,
Названье богов на названья планет».

Мне нравится звездная статуя Венус,
Сквозь мрамор классический солнце течет,
Меркурий огонь в ней откроет, наверно,
А слух о войне все растет и растет.

Пусть Солнце затмить пожелает Меркурий,
Свой горн водружая на небе втором,
Вулкану Гермес фимиамы воскурит,
Чтоб вспыхнуло солнце златистым огнем.

Одиннадцать раз был без Солнца наш месяц.
Алхимик секреты не всем раздает,
Искомое золото так мало весит,
Раз жизнь на чаши лишь скорби кладет.

Высокие горы ждут новой Софии:
Прекрасен ее проницательный мозг!
Она — вся в огне, укрощая стихии,
Ей больно, что мир до любви не дорос.

Звериное славит вождей и народы,
С ним станет сражаться церковный закон,
Столетья пройдут сквозь террор и невзгоды,
Раз был утопизмом закон искажен.

Юпитер был ближе к сияющей Венус,
Чем к мертвенно-бледному шару Луны,
Нептун гонит Венус к подводному плену,
Марс ценит знамена внезапной войны.

Стал пленным и в цепи златые закован
Большой человек из далекой страны,
Правителю Генриху был он дарован,
Милан под ярмом безуспешной войны.

В Этрурии, в Корсике — ночь с перерезанным горлом.
Огонь прекратился, но в копоти лики мадонн.
Всему королевству дыхание сперло,
И грозен был шелест враждебных знамен.

Французы! Игра начинается снова!
Победа в Пьемонте, и к новым боям!
Романья с Испанией к страху готовы.
Правитель, молись грозовым облакам!

Не страшны французам высокие горы,
С вершин Савоярда солдатская лава течет,
У армии высшая точка опоры,
И флот генуэзцев назад уплывет.

Томится в темнице великий царьградец,
Король с королевой забыли о нем,
Несмытая кровь на доспехах, не глянец,
Один усмиряет другого мечом.

Арабские силы, я знаю, ослабнут,
И это в Испанию волю вдохнет.
К кому же родосцев событья притянут?
Брезгливый преемник ведь к ним не идет.

Орудия с грохотом рушатся в яму,
Осаду не снять в укрепленных местах,
Сакристы оставили жалкую память,
И ценность их мессы рассыплется в прах.

Блудница по лагерю рыскает зорко.
Начальник желает от пленной утех.
Надуть его будет не так уже горько,
Ей жаль, что из плена не вызволишь всех.

Да, золото фунтов на тридцать потянет,
Суссет и Лозанну за них предают.
Шартрезцы Женеву пленят в Монтлемаре.
Гренобльцы и Дольцы за ними пойдут.

Где ж воздух оглохнет от гула орудий,
И кровью замараны ризы святых?
За веру убийством наказывать будут,
И войны шатают любовь и кресты.

Во всех городах будет злая неделя:
В Кагор, в Лимож, в Кастрес лишенье придет.
Что ж! Мытарь с Бордо преуспел в своем деле,
Раз звон колокольный обжег Перигорт.

С его поражением гибнет эпоха:
Большой полководец себя потерял.
Не павшим, а спасшимся жить станет плохо,
Один непогибший про всех рассказал.

Скорее и лучше готовьтесь к защите,
Чтоб Тарс не был скопищем жалких руин!
Туманами Лондон и Нант укротите!
Погода — защитник жестоких годин.

Он всех устрашал своим яростным видом,
И мраморных статуй касался плечом.
За ноги повешенный вождь на судьбу был в обиде,
Такой не заслужит посмертный почет.

И вот над Бордо уж все небо затмили
Армады железных шмелей и стрекоз,
И крыши над городом Богу молились:
Так низко летят эти вестники гроз.

Казнен пред толпой человек и провидец,
Распятья кострам могут боль сообщать,
Но мученик Духом Святым был увиден,
Чтоб мысль и любовь всей земле передать.

Никак азиатские силы не сгинут,
Раз семь иерархов имеют успех,
Владыка земли и небес крест не скинет,
И править Испанией Либре не грех.

В тот день, как баталия будет у Ганга,
Сам Раджа отважно пойдет на врага,
Не дав передышки своей же фаланге,
Которую пленом нельзя испугать.

Стал запах лимона отравой и дымом,
А ветер гнал дым на отряды солдат,
Удушье от яда врагу нестерпимо,
И с города будет осада снята.

Бежавшие ищут путей к избавленью,
Живым барельефом ползут по стене.
Отец и друзья задыхаются в сильном волненье,
Теряет сознание сын, а спасения нет.

Расколоты молнией души и страсти,
Французы под гнетом тягчайших времен.
В Италии, в Англии против нас власти,
Вождя с этой женщиной гонят в полон.

Недаром здесь статуи кровью исходят.
На башне метался кирпичный петух,
Убийство тирана пророка прославит в народе:
Живет в предсказаньях божественный дух.

Солдат-император не знал поражений,
Победы плодят легионы смертей,
Но речь его к армии терпит крушенье:
Язык гибнет в пламени дерзких идей.

Прозренье ученых под гнетом запретов,
Раз зависть невежд обольстит короля,
Но правдой наложница и королева согреты,
И обе науке цвести повелят.

Здесь глотки сжигает горячее солнце,
Сын главного кружит над кадкой с водой.
Этрусская кровь по земле разольется,
Плененной же Турция станет судьбой.

За кружку воды отдаем что угодно!
Ведь всем осажденным так душно в огне.
Порт близок к паденью, старик чужеродный,
И к Ницце пора бы пойти Генуе.

Да! Семь с малолетства в заложниках ходят,
И третий родного ребенка убьет,
Два сына в бегах и отчаянье бродят,
Флоренция и Генуя — вот второму оплот.

За то, что его поддержал чужеземец,
Седого правителя сбили с поста.
Отмстит сыновей непокорное племя
Тому, кто пытался Руан предавать.

Взлетит высоко энергичный полковник.
Часть армии слепо поверит в него.
Нет принца теперь под дворцовою кровлей,
Прибежище будет открыто врагом.

Вся армия кельтов сражалась с Хайландом,
Военная хитрость сломила врага,
Но с гор катит камни мужицкая банда,
И шпагу дубина могла настигать.

Пятнадцать солдат, что в заложники взяты,
Спасут королю и поместья, и жизнь.
Везде демагоги словами богаты,
Дела же их склокой и смутой взвились.

Когда дезертиры готовы на подвиг,
То был император на казнь осужден,
Страна содрогнется от яростной нови,
И в крепости много истлевших знамен.

Фонтаны заманчиво искрятся ядом,
Отраву струит лицемерный привет,
Теперь Генуе милосердья не надо,
Семь бритых голов чтят обманчивый свет.

Сатурн, как и Марс, накалились недаром,
Раз войны жгут местность секретным огнем,
Искусственный ветер, заправленный жаром,
Сменяется диском с холодным дождем.

К вам так благосклонна планета Венера,
Великий султан с африканским вождем,
А Истр и Рейн в грозовой атмосфере,
И берег мальтийский пиратов клянет.

Заброшен большой окровавленный город,
Раз здесь побывал человеческий зверь.
Аквилия слово дать Парме готова,
И оцепененье настанет везде.

Увидят вблизи Пиренейские горы
Великую армию в схватке с Орлом,
Войне вскроет вены и армии слабость откроет,
Хоть вождь не повален орлиным крылом.

В колодце покоится жертва ошибки:
Убили служанку замест госпожи,
И брошка на платье резвится, как рыбка,
Самой госпоже до венца не дожить.

С Ажана, с Лектора придут Артомиксы,
В Сен-Феликсе служат иной «Отче наш»,
Несчастья к базанцам в то время проникли,
Кондон и Марсан на подмогу спешат.

Был силою взбешен великий племянник,
И грек малодушное сердце растлил,
А герцог процессом Феррари и Асти поранит,
Так жизнь пантомиму в слезах воскресит.

Германцы и их боевые наймиты
Пойдут на английский военный союз,
Нашествие будет, я верю, разбито,
Но многие жизни в боях пропадут.

Эпоха его безнадежна для слабых,
Сильнейший и умный победы стяжал.
С ним гвардия многие земли разграбит,
Но в снежной стране победитель пропал.

Духовную тьму пронесут перигортцы
До Роны, до темных ее берегов,
И проповедь в церкви у нас предается.
Гасконь и Бибера дают ей врагов.

Крест будет служить единению мира.
В Европе король миротворцев умрет.
Властитель Селин рад Италии милой,
Пиратов к порядку закон призовет.

Здесь ночью беззвездной мечи обнажатся,
Зря в Парме пришельцы бывали сильны,
Ведь семьдесят девять лихих чужестранцев
Погибнут на фронте гражданской войны.

В Марсане, в Наварре нет хлеба ни корки,
И голод всему угрожает Бордо,
Тогда даже желудь и винные пробки
Покажутся жителям вкусной едой.

На улице воды реки натравили,
Плач, кровь, лязг мечей с наводненьем слились,
Враг город громил жесточайшею силой,
Народ в Колизее! Терпи и молись.

Мгновенно строй лодок становится мостом,
Солдаты на берег иной перешли.
Семь сбиты копьем, что отточено остро,
Брюссель от волненья и страха дрожит.

Замучились кони от быстрого бега.
В Олтении замки и села горят,
Хотя их вожак повторяет Олега,
Ему не отстроить разрушенный град.

Была им проиграна битва ночная,
От сына родного бежал капитан,
Ушли его люди, восстать не решаясь,
И звезды оплачут покинутый стан.

Большой человек погибает в Оксере,
Он скован, и держат его под замком,
Его ж подчиненный стал яростным зверем,
И рок его звездам давно был знаком.

Фальконец мечтал о свободе народа,
Но пленным на черном верблюде сидит.
Он возит навоз для чужих огородов,
И белого черный унизить велит.

Жестокие звезды сойдутся для встречи,
К величью могучий придет властелин,
Убийца безвинных, он бесчеловечен,
Рейн с Эксом под гнетом безумных годин.

Что ж, сын короля стал отличным лингвистом,
Но с старшего брата корону не сбил,
Тесть младшего был возмущен и неистов,
А зять его жизнь и мечту погубил.

Антоний! Какое эффектное имя,
Но это же, в сущности, жалкий позер,
Зачем порт Эслей разъяренной волной опрокинет,
И волны поглотят бескрайний простор.

Все тридцать уже собираются в Лондон,
И заговор должен сместить короля.
День выборов новой элитою создан,
В низинах вкус крови почует земля.

Двум армиям трудно и тяжко держаться,
В ознобе теперь и Милан, и Тицин,
Здесь нету ни хлеба, ни лука, ни мяса,
Защитник кору обдирает с осин.

Обманом его отвели от дуэли,
Не ведали все, кто томится в тюрьме,
Теперь правит сын, раз отца проглядели,
Корабль вдали от намеченных мест.

Полощется труп его траурным флагом,
В петле капитан, но нетленна душа.
Склонитесь антенны волшебною шпагой!
Пусть ветер завоет во многих ушах!

Змея подползет к королевской постели,
Ночь видела роды, не лаяли псы,
Тебя, новорожденный, небо хотело, —
Достигнешь ты славы, величья, красы.

Два брата придут из Испании старой,
Стал старший грозой Пиренейских вершин,
Германцы польются кровавою лавой,
Но все же не им судьбы мира вершить.

Правление двух будет очень коротким:
Лишь год и семь месяцев длился покой;
Стрела Армоника младым завоевана волком,
Правители слышат разбойничий вой.

Сестра у Великой Британии будет,
Рождения брата ей ждать до пятнадцати лет.
Их путь хоть и славен, но горек и труден,
Реформы в кровавый наряжены цвет.

Крепит Португалию умный правитель,
Надолго он мир обеспечит стране,
Он прежних традиций упорный хранитель,
Такой не подпустит народ свой к войне.

Лангез покрывался волной полушлемов.
Албанцы проходят сквозь вянущий Рим,
Кровь, горе, огонь здесь пока что нетленны,
И вдовий маркизу не слышится крик.

Настанет эпоха невиданных молний,
Их сын королевы в сраженьях добыл,
Во Фландрии рвутся последние корни,
И вот у Испании нет больше сил.

Дворец короля — точно треснувший факел,
Ведь с неба летит смертоносный огонь!
Семь месяцев длятся сраженья и драки,
Руан и Эрекс под судьбой горевой.

Центурия V

Те двое встречались и спорили в церкви
(А кельтское завтра в руинах лежит),
С кинжалом в груди всадник, гибнущий зверски,
Его схоронили без шума, в тиши.

Их семь против трех, покидающих судно
(На пире доспехи злорадно блестят),
А тот, кто два флота водил многолюдных,
Великим стрелою с поста его снят.

У герцогства будет законный наследник,
Тосканские воды он видит вдали,
Ветвь Франции — на флорентийских коленях,
Морские туманы ее принесли.

Великий бульдог, покидая свой город,
Был зол на невиданный дикий союз,
Он шел на охоту с разгневанным взором.
Медведь! Перед волком держись и не трусь.

Он схвачен за чтеньем фальшивой поэмы,
И падшая девка лишит его сил.
Деревни и город душил этот демон,
И черною тенью свободу накрыл.

Итак, над главой его длань кардинала,
Который молился, чтоб мир наступил,
Но буря в глазах полководца взыграла:
Он скипетр левой рукою схватил.

Гордитесь, Октавий, Антоний, Лапидус:
Ваш прах потревожен чрез множество лет,
Металл или мрамор сокровища выдаст,
Направив в грядущее мертвенный свет.

Шары будут сеять и гибель и ужас,
В снарядах скрываются смерть и огонь,
Раз город ночной флот чужих обнаружит,
Из зданий горящих спасайтесь бегом!

Пленили вождя под высокою аркой,
Хоть друг и хотел его предостеречь.
Кто будет рожден бородатою женщиной гадкой?
Казнь герцога люди бессильны пресечь.

Близ погреба бились и падали люди,
И тех и других мучат раны и кровь...
Вождь гибнет, но все же его не забудут:
Четверка дорвалась до вражьих рядов.

Луч солнца окрасит спокойное море,
Но Африка ждет грозовых кораблей.
Сатурн с королевством не хочет быть в ссоре,
Ждет порт азиатских иных якорей.

Да, заговор помнят женевские волны.
Предавшую город из мести убьют,
Но всеми, кто с ней, будет Аугсбург полон,
И рейнские звери на приступ идут.

Ветвь варваров вырастет в сердце Европы,
Власть будет у диких и страшных людей.
От скал Гибралтара до Венгрии волчьи проложены тропы,
И Бельгии с Францией время седеть.

Да, битва близ Мальты — беда для испанцев,
Герой африканский их флот разобьет.
Живым взятый в плен, принц с трудом им сдавался,
И скипетр Рима Петух заберет.

И Римского Папу пленили на море,
Заставив страдать обезглавленный клир,
Преемник посеет скандал и раздоры,
И смерть его друга обрадует мир.

Не будут в цене сабианские слезы,
Раз плоть наша к смерти идет через боль,
Корсарский корабль нес Фаросу угрозы,
Родосский фантом входит в грозную роль.

Его заговорщики предали смерти,
Погиб однорукий и храбрый король.
Так ночь у Андронны вы зверством измерьте,
А Кипр и войско почувствуют боль.

Тираны так часто трагически гибнут,
Напрасно создав гекатомбы из жертв,
Былые законы все с радостью примут,
И принца седьмого ждет верная смерть.

Когда золотой был с подмешанной медью,
Монетный скандал вызвал эту войну.
Отведают варварской крови созвездья,
Утрата вождя обезрадит страну.

Да, Альпы узрят восхождение зверя,
Чья кожа казалась солдатским сукном,
Тосканцам внезапность внушает доверье,
И чудо в соседний вернет его дом.

Латинский монарх умер собственной смертью,
Преемник пожарами был освящен.
Грабители! Подлому счастью не верьте!
Палач вам предъявит солиднейший счет.

Вождь молится духам старинного Рима,
Потом чужестранные дрогнут полки,
Когда эскадроны в засаде, то ждать нестерпимо,
Свой красный за красных сражаться привык.

Большой человек в темной Африке будет
Испытывать ужас, мученья, террор,
Два спорщика распри свои позабудут,
Пока примиренье не вспыхнет в костер.

Давно астролог сводит звезды на землю,
И судьбам истории нужен фонарь,
Закон и порядок для Солнца приемлем,
Сатурн же полюбит руины и гарь.

Я вижу кресты восстановленных храмов.
Спаситель Востоку почет воздает,
А Персию жгут еще свежие раны —
Почти миллион египтян к ней идет.

Иная династия будет в России,
Страна за свободу свою восстает,
Народ, став от горя единым Мессией,
К расцвету и славе все царство ведет.

Военной грозой дышит Черное море,
Персидской стрелой не задет Трапезунд,
Фарос с Мителеном — в тревоге и горе,
И волны восточную кровь понесут.

Кинжал вогнан в грудь, и лицо побелело,
Нога покалечена, рана в плече,
Те трое клянутся, что драться поспеют,
Большой генуэзец боится мечей.

Мне жаль, что свободы они не вернули.
Их всех оккупирует злобный дикарь.
Раз дьяволы мост над Дунаем взметнули,
Италия злится, почуяв удар.

Солдаты Парижа на улицах Рима,
Опять начались грабежи за мостом,
Поля, города и поселки покой не обнимет,
Солдат не разгонишь смиренным крестом.

Всю Аттику держит волна под угрозой,
Разрушенный мост не расправит крыла,
Страна как живая античная роза,
А прежде классическим мозгом была.

Что ж! Все хорошо под Луной и под Солнцем,
Руины как остов гнилых кораблей.
Пусть небо скорее к реформам пробьется,
Седьмую скалу рушит дерзость идей.

Рыданья и слезы на улицах Нанта,
Свободы скрываются в долгую тень,
Вождь счел непокорных толпой арестантов,
И горе сочится из каменных стен.

Кто — джинн или демон — бушует в бочонках?
Чей взрыв разметал облака парусов?
Блуа, видя флота британского гонки,
Мир купит за соль и вино с погребов.

Незримо войну поведут англичане,
В туман и волну зарывается флот,
Им камнем в желудке град вольности станет.
И скорбь Средиземное море зальет.

Да, братец сумел для сестры постараться,
Смешав с минералом ночную росу.
Старухе тот яд мог лекарством сказаться,
Сестра же навеки отходит ко сну.

Конец его судьбы трехсот переменит.
И месяцев двадцать пылает костер,
Низложен король, но король — не изменник,
С обмана начнется кровавый террор.

Наследник престола жжет власть бурной жизнью,
Законы разбиты, и похоть цветет,
Но думал ли он о грядущем отчизны?
Пусть лучше Саллистский закон пропадет.

Из города выйдут старинные корни,
Чтоб новой Этрурии род не зачах.
Так древняя кровь приучается к нови.
И мех флорентийский на женских плечах.

Короны и нации ищут единства,
Смешалась с французской испанская кровь,
Но может ли прошлое с явью мириться
И долго ль продержится мост через ров?

Он сам воскресит дух античной культуры,
И бронзовый век претворит в золотой
Уйдут в полумрак замки, статуи, урны,
Чтоб стать для людей непогасшей звездой.

Марс станет надстройкой над каменной башней,
О Франция! Наш Аллоброкс у врагов.
Ломбардцам ближайшее кажется страшным,
И Либра под гнетом орлиных кругов.

Столетья! Чертите на траурной карте
Германию, Рейн, и Неаполь, и Понс.
Когорты смертей дорвалися до старта,
Повсюду руины, мир горем зарос.

Схватил кардинала пиратский корабль,
Чтоб мир, точно парус гнилой, разорвать,
Но помни, главарь, что мечом или саблей
Со всеми, кто с Папой, нельзя совладать.

Империю ждет неизбежность распада,
Который дойдет до Арденнских лесов,
Сын старший двум выродкам головы сносит для ада,
И лик ястребиный всем править готов.

Под красною шляпой раздоры и схизмы,
Избранник в Сабине в том не виноват,
Он вытерпел гнет виртуозных софизмов,
И Риму албанцы ущерб причинят.

Великий араб на просторной дороге,
Но турки его все равно предадут,
Родосом он встречен с тоской и тревогой,
И труппы из Венгрии зло приведут.

Флот Африки будет встречать парномийцев,
И ужас грозит и воде и земле.
Враги своей лютостью станут гордиться,
И скипетр не любит свистящую плеть.

Нет, он не испанец; из Франции старой
Тот кормчий, что Церковь, как судно, ведет.
Противник разбойникам милости дарит
И все королевство бедой обожжет.

Из братьев с гербом распустившихся лилий
Один даже Римом хотел завладеть.
Латинский позор эти годы не скрыли,
А туркам отрадна армянская смерть.

Богемия, Англия, Польша, дакийцы,
Я знаю, единый союз создадут.
Недолго терпенье столпов Геркулеса продлится,
Барсийцы, тирренцы неволю прорвут.

Изгнанник, прославивший ненависть к трону,
Вернется, чтоб власть захватить над страной.
Пускай колесницы в крови не затонут:
Топтал Ипполитов расцвет роковой.

Я знаю, что явится новый Спаситель,
Нет силы, способной разрушить любовь,
Так слово погибших пророков цените,
Чтоб вырвалось солнце из древних гробов.

Из Черного моря, с татарского Крыма
Приходит к французам великий главарь.
Армяне, Аланы его с миром примут,
Но Константинополь нашлет кровь и гарь.

Он с войском поднимет арабские страны.
Великий крепит Магометов закон.
Гренада свободною быть перестанет,
Но враг не сожжет итальских знамен.

Нет старого пастыря; новый — совсем не подвижник,
И выборы станут крушеньем надежд,
Он гонит добро из церквей и из жизни,
Такой недостоин священных одежд.

Сойдет он с холмов у Кользье с Авентайном,
Чтоб армии дать долгожданный сигнал.
Стремясь между скал за наградою тайной,
Он славу под солнцем уже потерял.

Крутые вершины щетинятся лесом,
Плывет акведук в Утикан и Гордон,
Теперь не узнать в нем Неманского беса,
Он связан, и мост под защитой мадонн.

Вождь Англии долго стоял у Низмеса,
Муж рыжеволосый испанцам помог,
И топчут солдаты на битвенном месте
Падучие звезды ударами ног.

Что ж! Бритые головы сделали выбор!
Два пола сравняют огнем и мечом.
Им совесть за это не скажет спасибо,
И кровь потечет над горящей свечой.

Великий навряд ли считал его сыном:
Ребенок ведь был от другого рожден.
От Фера до Джениса дрогнут вершины,
И Либрой неласковый знак утвержден.

Сатурн ближе к западу, Солнце — к востоку,
И скалы мрачны от кровавых дождей;
Война близ Оргона; наказан Рим роком,
Не радует берег уход кораблей.

Бесхлебье и голод встают с горькой новью.
В галеры ударит война над волной,
У Тибра земля наливается кровью,
И был грабежами нарушен покой.

Сгущаются в небе суровые тучи.
Сеть бросила тень и в Отон, и в Генес.
С двух башен поля видят двое могучих,
Как будто на куполе меч, а не крест.

Пришел лишь один, подгоняемый страхом.
И страстная женщина скрылась из глаз.
Пусть знать под угрозою скорого краха.
Большой человек разозлится на власть.

Кто видел, как светится лампа Трояна?
А рядом разбитый грустит акведук,
Златой и серебряный сон прерывать еще рано,
Клад врыт был в давно заколдованный круг.

Да! Не был одетым правитель Перуджи,
Семеркой он схвачен нагим в темноте.
Пусть бунт с неудачами скоро подружит,
И сын и отец смерть несут на кресте.

К водам голубого Дуная и Рейна
Приник и большой и упрямый верблюд.
Вся Рона с Луарой его не приемлют.
И в Альпах Петух собирает свой люд.

Проснулся уж в нем полководец великий.
Он золотом славы все войско покрыл,
Он в Африке гложет древнейшие кости и лики,
Солдат его отдых и сон заслужил.

Ждет Константинополь большое страданье.
Раз в плен византийцев Восток поведет,
Союз христиан может снять поруганье,
Но кто же скомандует: «Смело вперед!»?

Подвластна вся армия воле тирана.
Но злоба разбилась о водную ширь,
Семнадцать судов не дорвались до брани,
И Рона повергнута в праведный мир.

Эдикт благосклонен к любым наслажденьям,
В законы вольют обольщающий яд.
Венера мечтает о сладостном зелье,
Где с солнцем был смешан ночной виноград.

Поруганы будут старинные храмы.
И дети ограбят своих матерей,
История ставит еще одну драму:
Арабов и Польшу покинет еврей.

Германия станет могучей и сильной,
Ее укрепляет троянская кровь,
Народы с Востока смешались бы с глиной,
Но мощь из возмездья рождается вновь.

Они будут справа, а вождь — на кубическом камне.
Вершины сияют бессмертным добром,
Но левой рукою зажженное пламя
Не гасят суровым и замкнутым ртом.

Шалаш его любит обветренный воздух,
Отребье поможет его приютить,
Но Экс, Лилль и Волс не дадут ему отдых,
И след его время не может забыть.

Когда превратится честь Экклезиаста
Во время идущих по Солнцу часов,
То Церковь падет вместе с правящей кастой,
И бури приносят нам дикое зло.

Две силы терпели друг друга недолго,
Тринадцать годов выждал варвар-тиран,
Корабль государства разбили пороги,
Хоть вождь был грозою чужих ему стран.

С ним связан восход человечной эпохи,
Приходит нам давший великий закон.
Война меж своими при нем не заглохнет,
Достойный преемник ему не рожден.

Пускай Огмион видит Константинополь
И варваров хочет оттуда изгнать,
Меж ними и Францией вырыта пропасть,
Нам зло за решеткой придется держать.

Орел пролетает над солнечным градом,
Оракул семь месяцев знал про поход,
Стена на Востоке кирпичным взлетит водопадом,
Семь дней злой противник стоит у ворот.

На милость врага осажденный не сдался,
И он не откроет ворота врагу,
Пока Арбуа и Лангез будут с Брешией драться,
То в Доле засаду врага уберут.

То будет ему испытаньем для власти —
Вершителю славы и многих побед.
Три ночи терпел этот родственник счастья
И в Библии видит спасенье от бед.

Он, видно, забыл городок у залива,
Где вырос в отверженной темной семье,
Богатство страны в пустыри для крапивы
Уже превращаются в черном уме.

В скелет превратится женевское поле.
Страдая от раков, орды саранчи, комаров,
Развяжет войну чья-то дикая воля,
И горек был дым от солдатских костров.

Так, трое рук будут с двумя главарями,
И в городе мало воды питьевой,
В изгнанье уходит, кто роком поранен,
Страна примирилась с судьбой горевой.

Сатурн приглашает на грустные танцы
Страну наводнений: повсюду вода разлилась,
Зато нас теперь окружают испанцы,
Раз свадьба троянскую кровь понесла.

Кто помнит его скаловидные формы?
Зверь виден у моря над желчью песков,
Ему корабли станут лакомым кормом,
Савой весь Турин обневолить готов.

И будут обмануты знаменем бунта
Богемцы с Наваррой и Венгрия вся,
Надежны ль теперь флер-де-лисские грунты,
И сможет ль мятеж Орлеан раскромсать?

Грабеж и разбои пройдут по Цикладам,
В беду попадут и Коринф и Эфес,
И в Спарте, и в Пелопоннесе жизнь близится к аду,
Здесь все девять месяцев буйствовал бес.

Во что превратилось афинское поле?
Стал форум мыслителей рынком лжецов,
Но кони албанцев их козни расколют,
И свет, точно чудо, слепит подлецов.

Пяти в тот же срок быть владыками Церкви,
Правленье достигло семнадцати лет,
В преемники выйдет иной, уж поверьте,
Кресты не светлеют от дерзких примет.

Меркурий суровой становится силой.
Так ждите великих реформ под Луной,
Когда королей революцией в Англии било,
Шотландское пламя взрывалось грозой.

Вождь хочет увидеть германским вассалом
Брабант вместе с Фландрией, Кант и Бруджес,
Но он был враждебным разбит идеалом:
Кавказец взял Вену и замки окрест.

Так! Шелест ветвей вызывал эти тени
Могучей державы, забывшей покой.
Эгейское море шумит парусами в движенье,
И трудно к Тирренам пробиться с волной.

Мне жаль обреченных поборников правды,
Не сбивших замки с воспаленного рта,
Ось мира ждет крови, сгорая от жажды,
Чтоб роза из нови могла расцветать.

Рвут уши раскаты свирепого грома,
Град бьет по Кондону мельчайшим ядром,
Эдиктом был дух всех изгнанников сломлен,
И сильное горе металось кругом.

Когда на термометре плюс сорок восемь,
То варится рыба живою в реке,
В Бигоре и Берне не хватит запасов на осень,
Раз звезды горят в сатанинской руке.

Французские власти, я знаю, прибудут
В Милан и Феррару, в Аквилью, в Кайе.
Вождь Англии Римом командовать будет
Под знаком участливых звезд и планет.

Смертельный огонь падал с гневного неба,
В костры превращая Тартар с Мозаре,
Но все ж не избегнет отмщенья отребье
Тюрингских, саксонских и прочих зверей.

Центурия VI

В воде отражен был собор у Гаронны,
И то отражение Римские силы страшит,
Процессии зрят Пиренейские горы,
К ним новый король за поддержкой спешит.

В год входит пять сотен и восемь десятков,
То эра реформ и неслыханных зверств,
В семь сотен и тройку не вселятся духи упадка,
То год изменивших лицо королевств.

Созвездия будут в тоске и смятенье,
И Рона уйдет от своих берегов.
Все станет иным, лишь язык неизменен.
И засуха жаждет солдатских шагов.

Метели, дожди, мятежи на арктическом поле,
Где люди становятся хуже зверей,
В тюрьму превращается прежняя воля.
Анафеме предан закон «не убей».

Большой человек умирает под Римом,
И новая вспыхнет близ Рака звезда,
Сиенна и Суза то знаменье примут,
И Север слетит с ледяного гнезда.

Норвегия с Данией льнут к англичанам,
Надеясь на братский военный союз,
Леса не залечат солдатские раны,
Героя же Рима в лесах разобьют.

Не ценятся больше науки и знанья,
Их топчет духовно убогий король,
В изгнанье без средств знатоки мирозданья,
Ученым доверили жалкую роль.

Страна, как и Церковь, во власти скандалов,
Высокие цены стоят на счетах,
Золотой и серебряный лик на медалях — в печали,
И кровь застывает на острых ножах.

Изменят окраску святыни и храмы,
И белое с черным смешает нам черт.
Багрец с желтизной осыпаются с камня,
Кровь, смерть, грабежи новизна призовет.

Старейший сражен неожиданной смертью,
И два своих братьев хотят умертвить.
В убийство во сне заговорщиков верьте!
Три ветви осталось из прежних семи.

Империя создана армией дерзкой,
Солдат-император возьмет Ватикан,
Испания с Англией будут с ним резки,
На Францию будет направлен таран.

Он власть захватил, как поборник свободы,
Народ обольщенный его поддержал,
Но рухнули им возведенные своды,
И в прах превратился былой идеал.

Король-полководец проигрывал битву
(В живых — только сброд, что удрал от атак).
Ту славу, что заживо в бронзу отлита,
Свергает к свободе стремящийся враг.

Готовьтесь к расчету у вас в Нюренберге:
За всех отомстит похороненный принц!
Испанский престол Козерог не отвергнет,
И духи убитых остались без лиц.

Норманнами Франции и Пикардии
Корона срывается с принца Ките,
Из храма в лесах черным дымом кадило,
В Ломбардии пламя гудит на кресте.

Костры пожирают ценнейшие книги,
Туз в буром мундире средь черных знамен,
И мысль и свет жернова сотрут мигом,
Но сыщутся зерна для лучших времен.

Врачами потомки царя Моисея
Могли королей от болезней спасать.
Не вечно ж в грядущих столетьях евреям
Земную Голгофу Христа повторять!

Да! Женщина дышит огнями пожара,
А пламя опять неповинных пожрет.
Чудовищный бык был в Севилье в угаре,
Он армию к штурму и бою зовет.

Фальшивый союз продержался недолго.
Одни изменились, другие — под знаком реформ,
И в Риме младой леопард не оболган,
Народ с кораблей ищет праведных норм.

В кулак сжаты силы в арктическом поле,
Тревогой и страхом охвачен Восток,
Недавний избранник в боях будет сломлен,
Кровь варваров бьет в византийский песок.

Убит он на плитах большого собора,
Так Лондон племянника не сохранил.
Здесь лодка схизматиков с горем не в ссоре,
Так кто же свободу обманом залил?

Финансовый кризис полюбит Антихрист.
Восставший народ прогонял короля.
Париж еще не был так дик и неистов,
И зыбкому миру не рада земля.

Созвездия Скипетра с Марсом суровым!
И Рак благосклонен к злосчастной войне,
Пусть смелый король скажет мирное слово
Под знаком участливых звезд и планет.

Великий рыбак — на поломанном троне,
Руинное время на землю придет.
Предатель во мрак увлекает законность,
Но к свету всех пастырей юный ведет.

Неплох был предтеча на папском престоле,
Но грязный развратник его заменил,
В Равенне и Пизе таким недовольны.
Смещайте: терпеть его нет больше сил!

Она удлинялась великим Чайреном,
Одна из пяти крупных рек островов.
Морозы и ужас термометр мерит.
Укрылись во льдах шесть бродяг-беглецов.

Вождь кельтов увидит на улицах Рима
Прибой победивших изгнанье людей.
Пастух же считает, что он проходимец,
Кто был с Петухом, будет с маршем смертей.

Надолго ли Церковь осталась вдовою?
Скрипят в замешательстве ветви ее.
Пускай укротитель интриги все сроет
И бритых голов к единенью зовет.

Укроются в сумрак, кто мыслит свободно,
Нельзя на щиты поднимать лжесвятых.
Марш льежцев Брабант наблюдал беспокойно,
Предатель в осаде притворно притих.

Милан омрачают напрасные смерти,
И герцогу пишет об этом король.
Евангелью, люди, доверчиво верьте,
Хоть подлость прелатов доставит вам боль.

Предателей палкой забили до смерти:
Урок для других, изменивших стране.
Фривольность свою, заключенный, умерьте,
Раз Берич приходит в отчаянный гнев.

Горячая кровь потечет над Алусом,
И между двух рек страшен битвенный шквал.
Борьбу проигравший не может быть трусом:
Одною рукой не удержишь штурвал.

Летящий огонь появляется в небе,
И град осажденный им был устрашен,
Да, жители вынули тягостный жребий,
Ведь бешеный вред был грозой причинен.

Здесь Солнце обрушится в пламя пожаров,
Послания скрыты в свече восковой,
Леса, города расплавляются жаром,
Повис над равниною чад углевой.

Во мраке Флоренция, в Пизе разграбленной хуже:
Король сбит с мула и от раны готов закричать,
Врагу не занять побережья Перуджи,
Ни трусу, ни храброму там не бывать!

Деяния предков свой век отслужили,
И череп разбит у старинных дворцов,
Ни в чем не повинных хватали и били,
Виновный скрывается в чаще лесов.

Пусть с миром уйдет из страны победитель.
В Италии хищный взойдет человек,
Пожаров и смерти тут с горечью ждите,
Ведь смешана с кровью вода здешних рек.

Был брошен король беззащитный в темницу,
И сына решили доставить к нему.
Идет Тразименская башню топиться,
Заложники с горя припали к вину.

Великий с Майенны уж больше не ропщет:
Лишили его и постов, и наград.
На Рейне со славы свергается Гроппе,
Болтливый в Колонье под гнетом утрат.

Второй по значению датский властитель
С Голландией, Англией был заодно.
Хоть сто тысяч марок за это возьмите:
Но нам путь в Италию нужен давно.

И вот Огмион за чертой королевства.
Селин больше властвовал, чем отдыхал,
Эмблема его над Италией высится дерзко,
Он с гордостью знамя победы держал.

Там жителей нет возле Марны и Сены,
Где дьявольски сильно вода разлилась.
А смертные с Темзы хотят непременно
Внимание стражи обманом сковать.

Теряется радуга в сумерках Нанта —
Поваленной аркой лежат берега,
Потопленный флот не вернется к арабам обратно,
Кабан и Медведь случены на лугах.

Пусть флот не боится противного ветра,
Не слишком ль уверен в себе адмирал?
Теперь на морях его песня пропета,
К чему приведет нас серьезный провал?

Он кончит как вечно гонимый изгнанник,
Хищения берег Нонн-Сигля мрачат,
Раз красный отправит его на закланье,
Орел не устанет его привечать.

Два встретили третьего в горных вершинах,
И вспыхнул костер небывалой вражды,
Лангезы, Брюссель вместе с Долом крушили,
И все Малине пред бедою дрожит.

Нельзя соблазнить настоящую святость
Святоше с пушистым его языком.
Старинному граду Италии радость не в радость,
И ложный хорал флорентийцам знаком.

Железный паук любит берег Дуная,
Где немцы из пленных готовят рабов,
Их родина груды рублей золотых потеряет,
Возмездье ведя из глубоких снегов.

В колодце найдут эти кости ребенка,
Что мачехой был не от мужа зачат,
Волненья отцов не забудут потомки,
И честь государства идет на закат.

Толпа наслаждается зрелищем новым,
Плебей видит принцев, маркиз, королей,
Но рухнут колонны дворца, обливаяся кровью:
Спасай короля от мятежных людей!

Отверженный смело бежал из темницы,
Его подменил там соратник и друг,
Замерзшие реки покинуты птицей,
Надежду троянцев не взять на испуг.

И ночью прелат отстранен от правленья:
Ему не поверил французский король.
В Британии, Кипре, Тунисе он все же в доверье,
Политика вере не скажет пароль.

Запомнят шестнадцать веков и семь лет литургию,
День битых и пенье вторых петухов.
Арабы воспрянут к станут другими,
В Марокко султан не полюбит восход.

Что ж, герцог-бродяга откроет внезапно
Арабскую стаю тугих парусов,
Восток обернется совсем безвозвратным
И для подлецов, и для честных крестов.

Оружье испанец найдет в Барселоне,
Слепой д'Арбон разорит Паприньян,
Кто в море слезу и победу уронит
И кто здесь от гнева и ярости пьян?

Он был очень властным в своем королевстве,
Жестокий и грубый стоит под Крестом.
Он будет грозою для знати и плебса,
Став Папой с суровым и жестким лицом.

Кто видел, как Солнце затмилось Селеной?
Кто знает, как вздорили два короля?
Свободу дадим островам и Сиенне,
Дух вольности бури в столетья вселят.

У принца богиня любовной горячки
И просит, чтоб он не сказал ничего,
Но стыд и позор от судьбы не упрячешь,
Семнадцать заплатят за страсть головой.

Его обманул и предал переводчик,
Был принц за пределами Кельтской земли,
Монах, как и пастор в Бордо, озабочен:
Гасконцев, руанцев они провели.

Ковер, раз он свернут, бесцелен для зрелищ,
В истории свернутых много страниц,
Так судьбы изгнанников мы проглядели,
Хоть правда о прошлом осталась у них.

Итак, два цветка слишком поздно погибли,
Пред сильным законом безвредна змея.
В Савое, в Монако мучения были,
И всадников злая ведет колея.

Семь лет в ней сидело глубокое горе,
И спала в постели с ней женская честь,
Ей гордость служила на троне опорой.
Как долго ей крест одиночества несть?

Я знаю, свой флот обновит Барселона,
Чтоб выиграть больше земель и морей,
К чему каравеллам бродячим законы,
Раз совесть и сила сорвались с цепей?

До полувойны разрослись несогласья
Меж серой рубахой и важным бюро.
Правленье под стражей, грабитель — у власти,
И месса в соборе не дышит добром.

Быть сильному землетрясенью в апреле,
И выплюнет мрамор гробницы земля,
Дрожь древних костей люди скрыть не хотели,
Монашеский орден создать здесь велят.

Настанут эпохи великих империй,
В несчастье и зле там живет человек,
Когда ж у темниц будут выбиты двери
И вольно вздохнет обездоленный век?

Солдатское сердце взрывается в бунте,
Доспехи и ночью, при звездах, блестят,
Противники Альбы — без прочного грунта,
И десять на главного злобно глядят.

Совсем не того ожидали так долго,
Ведь выпрыгнул зверь из народной мечты.
Нагих и голодных мятеж взял в дорогу,
С гор катится буря и в души стучит.

Его нарекут победителем мира,
Чайрен наречен властелином земли.
Раз небо вдали от суровых кумиров:
Террору и страху наш мир — не молись!

Они, точно праздник, справляли поминки:
Великий правитель скончался вчера,
Но тень его с лестью была в поединке,
Идя под защитой Креста, Льва, Орла.

Она станет жертвой неправого гнева,
На казнь обряжают супругу и мать,
Здесь суд сеет зерна преступного сева,
Там небо сумеет ее оправдать.

Монаху и мастеру люб этот город,
И оба сидели у стен и у врат.
У женских секретов сломались опоры,
И похоть не сможет бессовестно врать.

Изгнанники, верьте, на родине будут,
Пускай им грозят отовсюду враги,
Триумф возрожденных никто не забудет,
Семидесяти трем казнь не вправит мозги.

Он был отличен королевским указом
И флот покидал для высоких постов,
Но семь лет спустя был отозван приказом,
И варвар к Венеции будет суров.

Пусть храм устрашит рукоятка кинжала.
Антенор! Твой город тирана убил.
Растоптаны те, что ему угрожали.
Такой деспотизм народ не любил.

У немцев победы ведут к пораженьям,
Один из двух флотов Италии верен стране,
Имолу, Флоренцию ждут пораженья,
Отца вместе с сыном убили в шатре.

Ну что ж, полумесяц в Селине, с победой!
Рим ищет защиты и прав у Орла,
Тицин и Милан этих бед не изведал.
Великий король! Знай об этих делах.

Вблизи от Тицина французские силы
Под синей горой этот мыс возведут.
И распря тут водную роет могилу,
Раз души усопших разлив По клянут.

Фезанская армия хлынет в Европу
Под отблеск пожаров на взмахах меча,
Всю зелень и синь черным дымом затопит,
И вождь азиатов руины встречал.

Тоска пролилась в колокольные гулы,
И кровь генуэзца Женева и остров прольют,
Стон, вопль, мучения с бурей проснулись,
И бесчеловечность найдет здесь приют.

Племянник у Папы идет в дезертиры,
И семь христолюбцев настигли его,
Ударив в лицо кулаком, точно гирей,
Один из них позже добьется всего.

Он в Бельгии встречен с великим почетом,
Но жизнь триумфальный срывает парад.
Век грубо порвет с позолоченным гнетом,
И он уж теперь своей славе не рад.

Кто хочет, чтоб Клавдий не правил бы Спартой, —
Берется за козни, интриги, обман;
Правитель охаян с преступным азартом,
Хоть все в обвинениях — ложь и туман.

Захвачен французами город у Тарса,
Тюрбан был пленен победившим Крестом.
За нас португалец, чтоб Павлова слава не гасла,
Урбан станет светочем римских мостов.

Бывает, что сны выдают в нас пророков,
И в это поверил великий Прелат,
Гасконский монах говорил с ним до срока,
Что выборам будет он искренне рад.

Провел неудачливо выборы Франкфурт
И этим усилил враждебный Милан.
Разбив Лорелей златокрылые арфы,
Над Рейном солдатский гремит барабан.

Друзья не хотят его видеть скитальцем,
И с ними король был у речки Хебрус,
В горах Пиренейских он мог бы остаться,
Но землетрясенье наводит на грусть.

Вся плоть золотистым пропитана медом,
И связанный между двух лодок лежит,
Он сходит с ума от пчелиного сброда,
Сонм крохотных жал эту жизнь сократит.

Столетья взлелеют фальшивых пророков,
Которые тьму принимают за свет.
За что ж ясновидцы в опале у рока?
Нептун из пучины пошлет им привет.

Он был словно буря в сраженьях на море,
Его называли грозой берегов,
Бежал он из плена, шагнув через горе,
Агриппа спасен для научных трудов.

Предатель вождя ублажает принцессой,
И стала тоска неземной красотой,
Весь город клянет королевского беса,
Пожаром прославлены меч и разбой.

Прелат пострадает от зависти чёрной,
Гонец и он сам — в западне у других,
Зачем же на свете деяньем позорным
Расколото дерево статуй святых?

Не зря запретят боевые доспехи,
Не всех угостят у дворцовых дверей,
Яд в блюде с клубникой не горд был успехом,
Раз жертвы кричали убийцам: «Скорей!»

Навет был обрушен на младшего сына,
Чтоб грозное дело в стране затевать,
Но старшему ясно, что брат неповинен,
И оба смогли клевету обуздать.

Мундиры солдат затопили весь город,
Сегодня пощады не ждать никому,
Один лишь не схвачен сверхзорким дозором,
И трупы убитых живых не поймут.

У дикого жара могучий источник,
Когда на термометре сорок и пять,
До неба взметнулися пламени клочья,
Норманнам ответ на процессе держать.

Безглавый собор над небесной пустыней...
Огромнейший город в руинах лежит,
Яд, смешанный с кровью, двух рек не покинет,
И месяц и солнце злой дух сторожит.

Да! Лагерь был смят и повергнут в несчастье.
Противник умел расправляться с врагом,
Для ульев из пчел одичалых расплата, поверь, сладострастна:
Узрят Пиренеи ответный разгром.

Небо видимо с амфитеатра,
Дочь Лауры больна и грустит,
Ведь опасность вблизи, и она неотвратна,
Бог четырежды бывших в плену да хранит.

Центурия VII

Воззвание против косных критиков

Меня поучать не ханжам и профанам,
Клянут меня варвар, глупец, астролог;
У судеб земли исцеляю я раны,
Меня вдохновляет всезнающий Бог.

Потомки запомнят квадратную залу.
Был выставлен труп на потеху людей,
Так все королевское действо познали,
И не был Ахиллом спасен казначей.

Пусть ночь удивляет солдат беспримерно.
Цвета — голубой, черный, белый — бегут по земле.
Арлез о войне и не думал, наверно,
Внезапно став жертвой предательских дел.

Флот Франции можно поздравить с победой!
Побиты тунисцы, и Селл, и Фоценс.
Кто золото в бочке в ядро переделал?
Тулонский хитрец изобрел тот процесс.

Да, в Доле в осаде был герцог Лангезский,
В компании с ним и Отон и Лион,
Женева и Аугсбург прут с Мирандолою дерзкой
Чрез горы, и это Анконе урон.

Раз третьего нет — не наполнены чарки,
Вино из бутылки прольется на стол.
Тот, в черном, спускается с Пармы нежаркой!
Зачем он в Перуджу и Пизу пошел?

Неаполь, Палермо, Сицилия! Вам угрожает безлюдье,
Вас варвар схватил обнаглевшей рукой,
В Сардинии, в Корсике нет правосудья,
Повсюду война, грабежи и разбой.

На светлом коне порывается всадник
Сорвать полумесяц с высоких небес.
Волк в шкуре овечьей овец истребляет без брани,
И красная бездна опасна нам здесь.

Пьянят фезуланцев вино и раздоры,
Их праздник взорвет тишину и любовь.
И падают возле божественной Флоры
Цветы на недавно пролитую кровь.

Была одинока в отъезд капитана,
И вице-король ей признался в любви,
Год новый, даруя глубокую рану,
Надеждам на счастье обоим грозит.

Принц силы свои собирал у Ла-Манша,
Бретонцы, нормандцы усилят пехоту и флот,
Он бьет Барселону в стремительном марше,
Возмездье на мыс и на остров идет.

В отчаянье мать молодого инфанта,
Изранен в боях непокорный сынок,
Печаль подступила к нарядам и бантам:
Пять сотен убитых в недлительный срок!

Война эта кончена младшим из братьев,
Пришлось ему дважды прощенья просить.
Сказал он: «Кагор и Массан не могу отобрать я,
И земли в Руссеке пришлось сократить».

Священник — правитель приморского града —
Жизнь строил свободной четырнадцать лет.
Сменившему вольностей прежних не надо,
И он еще много наделает бед.

Вся их топография станет фальшивой,
Соль нового мира есть пепел погибших культур,
Хоть вера и истина загнаны и сиротливы:
Но тьма станет светом и ржавчина — золотом бурь.

Так! Город в низине семь лет был в осаде,
Но снял ее храбрый великий король,
А жителям скоро порядок наладят,
Чтоб все позабыли про старую боль.

Построив надежную сеть укреплений,
Смогла королева сквитаться с врагом,
Отряды трех львов ждет позор пораженья,
И много жестокостей будет кругом.

Был принц образован, отзывчив и мягок,
И ожило все королевство при нем,
Преемник не жаловал прежний порядок,
Решив утвердить и суровость и гнет.

Террор и пожар помогали осаде,
И кровью семи был забрызган топор,
Стремившейся к миру — темница в награду.
У всех миротворцев был траурный взор.

Нисенский форт больше не будет сражаться,
Блеск золота вызвал надежды на мир,
Противники будут теперь торговаться,
Жди бед, горожанин, и в оба смотри.

Чрез Альпы и море в апреле и в мае
Посланцы Тосканьи держали свой путь,
Клевещет на Францию тот, кто не знает,
В чем сила ее и глубинная суть.

В Италии будет тиран опозорен.
Не верьте и тем, кто прогонит его,
Торги на мосту Саргуэзском им станут опорой
Для сделок кровавых с хитрейшим врагом.

Порвали с друзьями все месопотамцы.
Теперь таррагонцы припомнят им злость,
Забыты банкеты, турниры и танцы,
Бордо гложет старую распрю, как кость.

Собрал демагог хитроумную шайку,
Чтоб скипетр выманить у короля.
Ягненок обманут коварною лайкой,
И грабить дворец бунтарям повелят.

Пускай погребенные выйдут из гроба,
У форта выл в цепи закованный мост,
Яд, герцог Лорены, в напитке не пробуй!
Дюпон-отравитель получит расчет.

Война истощит золотые запасы,
Нет денег солдатам за службу платить,
Во Франции медь полумесяцем красят
И кожей хотят серебро заменить.

В Мадриде правителю много заботы,
Победу не надо срывать с якорей,
Акулами рвут галеоны и боты
Дощатое мясо семи кораблей.

Смел рейд кавалерии возле Феррары,
И будет трофеями полон обоз,
А пышный Турин поразграбили с жаром,
И храбрый заложник живет без угроз.

Противник далек от конечной удачи,
Хотя окружен им враждебный отряд,
Увел капитан очень многих от сдачи,
Но тридцать с позором на плен свой глядят.

Я знаю, что Альба поднимет восстанье,
Традиции дедов он дерзко взорвет,
Де Гиз победит его воинским знаньем,
И в статую сила победы войдет.

Зерно из мешка тонет в озере крови,
И в По злость и ярость чернят берега.
Фоссан и Турин Савиллан уже ловят,
А Ницца останется вольной всегда!

Их тысяч с десяток, а может, и больше,
К горам с Лангедока, с Кайены их надо вести.
Побит был Аквин, Бресс уж больше не ропщет,
На Брундис пора Аллоброгу идти.

Ушел с Монреаля рожденный в усадьбе,
Тирана напутствуют герцог и Ярл.
Он армии прямо командует: «Грабьте!»
Фовенс и Флоренцию он обобрал.

Их ненависть с гордостью кверху поднимет,
И двое тиранов союз заключат,
Обман, шпионаж, вероломство идут в ногу с ними,
И буря их флотам устроит парад.

Ждут Францию годы скорбей и лишений
Но веру не сгасит обманчивый свет,
Хлеб, соль и вино здесь декретом заменят,
Тюрьма, голод, холод — герои злых лет.

Его изберут, но посредством обмана;
И будет без зерен дырявый мешок,
Но, к счастью, закат его кончится рано,
Слова его действиям станут не впрок.

Безбожна судьба Византийского порта,
Затоплено небо в зеленой воде,
Семь бритых голов проклянут в полумесяце черта,
И ужас летит к Вифлеемской звезде.

Те десять казнят своего капитана,
А флаг собирался сражаться в войне,
Здесь рейнские волны страдают от раны,
И Северный мыс не одобрит навет.

Конь скачет отчаянным, диким галопом,
И яростно скинут был всадник с седла,
И хрипом предсмертным сметен конский топот,
Так гибель наследника с власти свела.

Напрасно мечтал полководец французов
Фаланги врага в пух и прах разнести.
Печаль генуэзских болот его замыслы сузит:
С трясиной нашествию не по пути.

Их спрятали в трюме, где масло да сало,
И двадцать один дрался в стане врага,
Их стража мечом и стрелой достигала,
Хотя их у врат не смогли запугать.

Покинут был дом с нехорошею славой,
Где громко скелеты стучали костьми,
Им крест над могилою надобен, право,
Чтоб дом стал отрадой для честных с детьми.

Почет Низарам сицилиец увидел:
Цени, Иннокентий, заветы Святого Петра,
Но злоба и грязь на любовь и на совесть в обиде,
В гражданской войне много будет утрат.

Сенаторы будут в долгах, а лютеция — в Марсе,
Ночь Франции долгие беды сулит,
Богатство Сатурна растратят в авансах,
Что, Крозус, тебе гороскоп говорит?

Две жертвы наметила новая Венус,
Но вот поваренок открыл этот яд,
А спасшийся принц теперь знает ей цену,
Виновную, видно, найдут и казнят.

Со дна поднимается дерзкий правитель,
Тьмы пленных страдают на поле тройном,
В соборы и церкви военных богов заманите!
Осады, награды и битвы кругом.

Да, Запад, надеемся, станет свободен,
Откроет Британия высший закон,
Шотландский пират популярен в народе,
Дождливых ночей не пугается он.

Военных уловок окажется мало,
Страна выбирает разбойничий путь,
Здесь древнее варварство новью считали,
И протестантизм тут может вздохнуть.

Его без объятий настигли в постели.
И эпиталамы слезой истекут,
Горячие ветры несчастья отпели,
И бедствия снова на землю придут.

ПОСЛАНИЕ ГЕНРИХУ II*

Непобедимому, величайшему и самому христолюбивому Королю Франции Генриху II его покорнейший слуга и верноподданный Мишель Нострадамус желает новых побед и счастья.

У меня есть серьезные причины обратиться к Вам лично, христолюбивый и победоносный Король. Мое лицо долго было пасмурным, пока я не решился предстать перед Вами, зная, что Ваше всемогущество безмерно. Я чувствовал, какой ослепительной должна быть предстоящая личная встреча с Вами. Я благословлял и боготворил тот день, когда я смог бы предстать перед Вами, Ваше Величество. Мне известна Ваша человечность, и я знаю, что равного Вам нет. Теперь, предвкушая возможность личной встречи с Вами, я мог бы выявить доброту и искренность моего сердца и наилучшим образом познакомить Вас с моим творчеством, мой бесподобный Король. Но мне казалось невозможным сделать это с большой четкостью и блеском, ибо мой разум был затемненным и неясным, пока его не прояснило сияние, исходящее от лица величайшего из монархов мира. Я очень долго раздумывал над тем, кому посвятить три последних «Центурии» моих пророчеств. А в них в общей сложности должна быть тысяча катренов. После долгих раздумий я беру на себя смелость посвятить мое творение Вашему Величеству. И это меня не страшит: еще великий автор Плутарх в своем жизнеописании Ликурга поражался обилию даров и подаяний, приносимых в древних храмах в жертву языческим богам. Многие не рисковали появляться там

---

* Седьмая Центурия дошла до наших дней в весьма урезанном виде: 48 катренов из 100. Продолжается она посланием Генриху II, которое называют иногда Большим Апокалипсисом Нострадамуса.

снова, потому что народ был подавлен колоссальной стоимостью жертвоприношений. Тем не менее, видя, что в Вас королевская величественность сочетается с не имеющей себе равных человечностью, я обращаюсь к Вам не как к персидскому шаху, к которому запрещено и близко подходить, но как к доброжелательному, благоразумному и мудрому властелину. Я посвящаю Вам мои пророческие, выполненные бессонными ночами вычисления; в «Центуриях» я руководствовался больше природным инстинктом и поэтическим воодушевлением, чем установленными правилами стихосложения. Для большей части моих пророчеств можно вычислить годы, месяцы и недели тех событий, которые произойдут в странах, городах и поселках Европы; в меньшей мере я касался того, что случится в Африке и отчасти в Азии, имея в виду реформы образа правления, вызванные изменением духовной атмосферы, и во всем этом я добивался естественности и правдивости. Но найдутся охотники возразить (подразумеваю тех, которые любят совать свой нос в чужие дела), что мои рифмы так же легки и доступны, как труден для постижения сокровенный смысл моих четверостиший. Поэтому, о мой наимилосерднейший Король, многие известные мне пророческие четверостишия настолько трудны для понимания, что в настоящее время нет способов их прояснить и истолковать. И все-таки я не теряю надежды установить, что должно произойти в селениях, городах и странах и что сбудется с их режимами. Особенно важны события, которые произойдут в 1585 году и в 1606 году, сопоставительно с сегодняшним днем (14 марта 1557 г.). Но я пошел дальше — до начала седьмого тысячелетия в моих предчувствиях того, что должно произойти на земле, в соответствии с астрономическими вычислениями и теми учениями, которые я мог постичь (речь идет о временах, когда начнет возрастать число врагов Христа и его Церкви). Все было составлено в дни и часы прозрений, и все было завершено с наибольшей точностью в возможных для меня пределах, и во все те времена Minerva libera ex non invita (пока Минерва была свободна и благосклонна ко мне), которые еще придут или уже прошли.

Я пронизывал настоящее минувшим и грядущим и учитывал, как будут развиваться события во всех странах в точном соответствии с тем, что здесь написано. Я не присочинил ничего лишнего к тому, что действительно должно произойти, хотя сказано: «Quod de futuris non est determinata omnino veritas» («Нельзя с абсолютной точностью определить то, что имеет самое прямое, непосредственное отношение к будущему»). И это верно, Ваше Величество, что мое врожденное дарование унаследовано мной от моих предков. Я думаю, что могу предсказать многое, если мне удастся согласовать врожденный инстинкт с искусством длительных вычислений. Но для этого необходимы большое душевное равновесие, предрасполагающее к прорицаниям состояние ума и высвобождение души от всех забот и волнений. Большую часть моих пророчеств я предсказывал с помощью бронзового треножника «ex tripode oeneo», хотя многие приписывают мне обладание магическими вещами, которые, по сути дела, являются ничем, ибо их нет не только у меня лично, но и вообще у кого бы то ни было. Только бессмертный Бог, исследовавший все глубины человеческого сердца, благостный, справедливый и милосердный, достоин быть истинным нашим судьей. Я молю его защищать меня от ярости и клеветы злых и невежественных людей, одержимых волей допрашивать и преследовать, а ведь Ваши древние предки, короли Франции, исцелялись от духовного недуга, называемого королевской злостью; были же и есть те, которые нашли действенные способы лечения искусанных ядовитыми тварями; не таковы ли и пророки, которые, руководствуясь не обманувшим их инстинктом, не только верно предвидят то, что есть и будет, как правильно предвидели то, что было, но и предчувствуют самое страшное из того, что должно произойти, настолько страшное, что об этом лучше здесь не говорить. Я действую вопреки тем, в ком длительное время бессильно задушить ярость духа. Я надеюсь, что после моей кончины к трудам моим отнесутся с большим почетом и доверием, чем отнеслись тогда, когда был жив. Но если я где-либо ошибся в моих вычислениях времени действия будущих событий или ошибся в чем-либо еще и это произведет неблагоприятное впечатление, то прошу Вас, Ваше Императорское Величество, великодушно простить меня. Свидетельство перед Богом и его Святыми, что у меня не было никаких намерений выступать в каких-либо писаниях или в настоящем послании против католической веры именно потому, что я руководствовался астрономическими вычислениями, явившимися результатами моих познаний. Определяя протяжение времени эпохи наших отцов, существовавших задолго до нас, я сознаю, что подвергаю себя опасности допустить некоторые неточности. В таком случае пусть меня поправят другие ученые. Мы исходим из того, что наш Праотец Адам жил за тысячу двести сорок два года до Ноя. Не исчисляя при этом время по старинным родовым записям, как делал Варро, но считаясь со Священным Писанием, что соответствует исчислениям и способствует моему пониманию. После Ноя и Всемирного потопа — это около тысячи и четырех дюжин лет — пришло время Авраама, бывшего величайшим астрологом в глазах многих людей и первым, кто изобрел халдейские письмена. После этого пришел Моисей, примерно пятьсот пятнадцать или пятьсот шестнадцать лет спустя. Между временем Давида и временем Моисея прошло только шестьсот семьдесят лет. И после этого между временем Давида и временем Господа и Спасителя Нашего Иисуса Христа, рожденного Девой Марией, прошло (согласно некоторым хронографам) 1390 лет.

Некоторые могут оспаривать правильность моих вычислений на том основании, что они отличаются от вычислений Евзебиуса. И от времени Спасителя человечества, — так что не надо поддаваться мерзостному соблазну сарацин, — прошло примерно 624 года. С тех пор не так уж трудно делать подсчет минувших времен. Пусть мои подсчеты не кажутся достаточно проверенными людям всех наций; все вычисления произведены мной в соответствии с движением небесных светил и взаимодействий с чувствами, охватившими меня в часы вдохновения, причем мои настроения и эмоции были унаследованы мной от моих древних предков. Но, чтобы избежать тем временем опасностей, мой величайший Король, необходимо, чтобы такие тайные явления выявились энигматической строкой, а не каким-либо иным путем; крайне важно, чтобы энигматическая строка имела бы только одно понятие и один смысл, не смешанный с неясностями, двусмысленностями и амфиболическими вычислениями. Но лучше под какой-либо туманной неясностью через естественное, внутреннее справедливое постижение подойти ближе к существу одного из тысячи и двух пророчеств, известных нам с сотворения мира, в соответствии с вычислениями и пунической хроникой Иоиля: «Effundum Spiritum meum super omnem carnem et prophetabunt filii vestri et filiae vestrae». («Излей от духа моего на всякую плоть, и будут пророчествовать и дочери и сыны ваши».) Пророчества исходят из уст Духа Святого, обладающего безмерной и бессмертной мощью, о какой мы узнаем благодаря небесным светилам; и напрасно некоторым кажется, что даром предсказания наделены обладатели великих и бессмертных вещей. Что касается меня, то мной брошен вызов именно тем вещам, которые неугодны Богу. Для меня истинно то, что идет от Бога, и за это я благодарен ему, не смешивая с чем-нибудь то подлинно божественное, которое á fato, but á Deo á natura which proceeds from fate, but from God and nature (происходит от судьбы, но через Бога и природу). И многое в божественном я соединяю с движением и курсом небесных светил. Создается впечатление, будто смотришь через линзу и видишь как бы в тумане великие и грустные события и трагические происшествия, которые пронизывают мистическим ужасом всякого, кто углубился в молитвенное созерцание. Мрачное будущее ожидает Божьи храмы и затем проникает в сердца и души тех, которые поддерживали и укрепляли эти храмы на земле. И это нагрянет вместе с тысячью других бедствий, а ими — я это вижу — пронизаны будущие времена.

И Бог пощадит Великую Даму, считавшуюся бесплодной. И она наконец-то родит двух главных детей.

Но будучи в опасности, она родит их с риском для жизни, когда ей исполнится всего 18 лет. Но так и так она больше

36 лет не протянет; у нее будет трое мальчиков и одна девочка, а он будет иметь двух, у которых никогда не было одного и того же отца. Различие между тремя братьями будет такое, что если бы они договорились о совместных согласованных действиях, то это заставило бы дрожать три или четыре части Европы. Пройдет немного времени, и христианская монархия получит сильную поддержку и окрепнет; религиозные секты и верования будут входить в силу, но с тем чтоб снова изведать падения. Арабов опять прогонят. Королевства начнут объединяться, и возникнут новые законы. Что касается других детей, то первый станет властелином свирепых львов с коронами на головах, и хищные лапы львов первого сына будут над грибом. Второй сын, преданно сопровождаемый латинянами, пойдет в глубь львиного стана и будет наводить страх и ужас, совершив восхождение на Пиренейские горы.

Древняя монархия не устоит, раз придет третий всемирный потоп, только с океанами человеческой крови вместо воды. И Марс надолго забудет про великий пост.

Дщерь будет дарована для сохранения церкви, и тот, кто сделает больше всего для крушения новых языческих сект и учений, станет отцом двоих детей, конформированных католической церковью: одного — преданного ей, а другого — нет. Другой, который в своем ожесточении в позднем раскаянии доходил до стремления превратить католическую церковь в руины, объединит через тесный союз три области и территории; я говорю об Италии, Германии и Испании. И под его жесткой вооруженной рукой будут все те земли, которые простираются от пятидесятого до пятьдесят второго градуса широты. А отдаленные области севера (около сорок восьмого градуса широты) будут воодушевлены собственной мощью, которая не может быть умерена никакими даже воинскими силами, и этого будут сильно опасаться Запад, Восток и Юг. Природа сделала северян равными, но вера разными.

После этого бездетная Дама, еще более могущественная, чем вторая, будет признана двумя народами: первый станет противиться тем, который превосходит других в своем могуществе.

А второй и третий будут продолжать поход на восток Европы; но здесь их силы будут остановлены превосходящей мощью противника; тогда второй снарядит морские экспедиции до Тринакрии и Адриатики с ее мирмидонцами.

Германия падет, и варварская дружина будет совсем изгнана из латинских пределов. Тогда великая империя Антихриста воскреснет с восхождением нового Атиллы, и придут Ксерксы с неисчислимыми тьмами людей. Так что Благодать Духа Святого, начавшегося с сорока восьми градусов широты, оживет и прогонит омерзительного Антихриста, который пошел войной на самих королей, на великого пастыря Иисуса Христа, и его церковь, и его королевства, и его владения per tempus, et in occasione temporis (ныне и присно и во веки веков). Но до этого будет солнечное затмение, самое мрачное из тех, какие были известны миру со дня его творения и со времен смерти Иисуса Христа до сих пор. И в октябре вспыхнет великая революция, которую многие сочтут самой грозной из всех, когдалибо существовавших. Жизнь на земле перестанет развиваться свободно и погрузится в великую мглу. А весною и после нее произойдут грандиозные перемены, падения королевств и великие землетрясения: и все это сопряжено с возникновением нового Вавилона, мерзкой проституцией, отвратительной духовной опустошенностью, и это продлится 73 года и 7 месяцев.

Вижу, грядет возрождающий и обновляющий церковь Христову. Тогда настанет долгий мир, единение и согласие между новыми поколениями нескольких рас, долго живших обособленной жизнью в разъединенных королевствах. Он точно ветвь, которую напрасно считают засохшей, ибо и она зашелестит зеленой листвой. А блаженство будет таким, что и покровителю войн при различии религий придется кануть в глуби, на самое дно, с тем чтоб позднее воссоздать царство страха путем обмана, выдаваемого за мудрость. Страны, города, поселки, провинции, свернувшие с их прежних путей ради свободы, будут еще более сильно порабощены и затаят злость против тех, по чьей вине они потеряли свободу и веру. И тогда слева разгорится великий мятеж, который приведет к еще большему, чем прежде, сдвигу вправо. Тогда будут восстановлены поруганные святыни и прежние религиозные писания, так долго терзаемые после того, как победу одержал Великий Пес. Неудержимо свирепый пес был одержим страстью уничтожать все содеянное прежде... Соборы и храмы будут воссозданы такими, как их видели предки новых молящихся, и духовенство будет восстановлено, воскрешая букву и дух былых времен, и оно станет продолжать богослужения до новых падений из-за распутства и роскоши, пока не будет совершена тысяча преступлений. Но по мере приближения благоденствия к иной, внутренней опустошенности в покровах из высшего и величественного появятся державы и военные руки, которые отнимут у этого благоденствия два меча, оставив ему лишь драгоценные ножны. После этого народ, не будучи в силах терпеть больше обман и коварство, которое его окружает, сделает все, что в его силах, чтобы выправить положение. А люди не хотят полностью покориться произволу и встретить конец от жестокой руки, которая опирается на провоцируемую ею почву.

В это время из ветви, бывшей долгое время безлиственной, и воспрянет тот, кто спасет людей всего мира от покорности и добровольного рабства. Ставя себя под охрану Марса и лишая Юпитера его величия и достоинств, в другой маленькой Месопотамии будет основан и благоустроен вольный город. Вождя и губернатора города вознесут из благополучной середины на самое высокое место под Луной и под Солнцем, не подозревая о заговоре и заговорщиках во главе со вторым Тразибулусом, который долго обдумывал и подготовлял свое дело.

Тогда духовная грязь и безобразие будут преданы великому стыду и воссияет свет, замаскированный темным покровом, но свет угаснет к концу перемен в этом царстве. И многие ведущие люди церкви отринут божественную любовь и станут отступниками от настоящей веры. А у трех религий (лютеранской, католической, магометанской) все, что находится посреди, будет превращено в руины деяниями молящихся. Первая религия распространится по Европе, а большая часть Африки благодаря духовному обнищанию станет подвластна третьей религии, и здесь все будет поднято на дыбы безумием через похотливую роскошь, предрасполагающую к прелюбодеяниям и изменам. Народ, соблазненный этим, поднимется, чтобы поддержать это, и прогонит оставшихся верными законности и законодателям. И будет казаться из царств, испорченных пороками и людьми Востока, что Бог-творец выпустил Сатану из темницы в преисподней, из-за чего могли родиться Великий Пес и Дохан (Гог и Магог). Ими будут пробиты такие хамские бреши в церкви Христовой, что ни красные, ни белые, оказавшиеся без глаз и без рук, не смогут осознать ужасов всего этого. И они еще не уйдут от суда, и могущество их будет отобрано от них.

Потом будут жесточайшие гонения на церкви, каких еще никогда не было. И настанет наивеличайшее бедствие: злые силы сокрушат две трети мира; одна треть сохранится, но никто уже не сможет установить, сколько осталось на свете подлинных хозяев полей и домов. И будет великое истребление духовенства. Великий полководец станет узурпатором, захватив то, что придет с города Солнца, с Мальты, с Иерезских островов; и будут сняты великие цепи, чтобы сделать судоходство свободным с порта, который называется Морским быком. С морских побережий надо ожидать новых нападений, которые могли бы отобрать Костуланский плацдарм от первого магометанского захватчика; и штурм не будет напрасным, и местность, где обитал Авраам, будет атакована теми, кто благоволит джовиалистам. Великий восточный город Ахет будет обложен со всех сторон. Против него соберут хорошо вооруженных людей, обладающих великой мощью, но их морские силы будут ослаблены людьми Запада.

В этом царстве будут огромные разрушения. Многие крупные города станут безлюдными. И на тех, которые все же доберутся туда, обрушится месть и гнев Бога. Гроб Господен, который столь долгое время держали в великом почете, будет прозябать под вселенскими просторами небес — под Солнцем и Луной. Святое место испакостят и загадят, превратив его в хлев для большого и малого скота.

Боже! Как тяжко жить в эти времена женщине с ребенком! Главный правитель, который глубже других проник на Север и Запад, приобщив их ко множеству людей, будет порабощен и убит. А все другие после страшного поражения станут спасаться бегством. А дети, рожденные от правителя многими женщинами, будут посажены в тюрьмы. Тогда-то и сбудется предсказание Пророка Царей. Ut audiret gemitus compedictorum, et solveret filios interem (Да придет пред лице твое стенание узника; могуществом мышцы твоей сохрани на смерть). Предвижу, какие притеснения придется вытерпеть принцам и губернаторам королевств, особенно тем, которые будут жить по соседству с Востоком или вблизи у моря, и их язык смешается с языками всех наций. Так, латинский язык смешается с арабским и с языками Северной Африки. Все восточные короли будут выгнаны за пределы их земель, и это ни к чему не приведет; не только из-за могущества северных владык и не только потому, что будут большие перемены в новых временах, но и из-за тайных союзов, ответственных за многие смерти, потому что союзы будут нападать друг на друга. Обновление триумвирата будет длиться семь лет. И слава нового вероучения будет распростерта над всем миром. И жертва ничем не запятнанного Святителя будет принята небом. И тогда появятся два властелина. Они станут победителями в борьбе Востока на стороне Севера. Дерзостные сражения поднимут при этом такой шум и грохот, что вся земля будет дрожать от страха перед этими двумя братьями с Севера, которые еще не стали братьями. (Нострадамус подразумевает братьев по духу, а не по крови.)

Я знаю, Ваше Величество, что о многих вещах я говорю в своих пророчествах неясно и туманно, особенно когда подходишь к временам событий, которые непременно будут, потому что вычисления последующих времен очень мало сходны, если вообще сходны с тем, что я делал раньше, потому что я руководствовался астрономическими правилами и указаниями

Священного Писания и они не позволили мне ошибаться. Я бы мог дать точные даты для каждого из всех моих катренов, указав на время действия событий, которые должны были произойти. Но это не пришлось бы всем по сердцу, как и то мое толкование событий, которое было бы проясненным.

И Вы, Ваше Величество, не даруйте мне прав на это, чтобы не давать моим клеветникам повода предпринять что-либо против меня. Несмотря на это, если вести счет годам, протекшим с сотворения мира до рождения Ноя, устанавливаешь, что за этот промежуток времени прошло 1506 лет и что от рождения Ноя до построения ковчега во время Всемирного Потопа прошло 600 лет (эти годы мы станем называть солнечными, лунными и смешанными), и я полагаю, исходя из Священного Писания, что то были солнечные года. И после этого Ной вошел в ковчег, чтобы спастись от потопа, который был всемирным и длился год и два месяца. И с конца потопа до рождения Авраама прошло 295 лет, и от рождения Авраама до рождения Исаака протекло 100 лет, а от рождения Исаака до рождения Иакова — 60 лет, и со времени прихода его в Египет, пока он не вышел оттуда, прошло 130 лет, и с тех пор, как Иаков прибыл в Египет, пока его потомки не вышли оттуда, протекло 430 лет, и со времени исхода из Египта до построения храма царя Соломона на сороковом году его правления прошло 480 лет, и с поры, когда по данным хронографов был построен Храм Господа Нашего Иисуса Христа, прошло 490 лет. Итак, судя по этим вычислениям, которые я извлек из Священного Писания, все это, взятое вместе, дает 4173 года и что-то около 8 месяцев. Но о времени между рождением Христа и предыдущими эпохами я ничего не говорю, поскольку на этот счет существует множество различных мнений. Я рассматриваю настоящие пророчества как последовательную сущую во времени цепь, которая движется по своей орбите, подчиняясь астрономическим законам. Меня же лично ведет в будущие времена мой врожденный инстинкт. Известный период времени, включая тот промежуток, который понадобится Сатурну, чтобы совершить оборот, будет длиться с 7 апреля до 25 августа, если принять во внимание оборот Юпитера — это продлится с 14 июня до 7 октября, Марса — с 27 апреля до 22 июня. Венеры — с 9 апреля до 22 мая, Меркурия — с 3 по 24 февраля; затем с 1 по 24 июня, наконец, с 25 сентября по 16 октября. Сатурн будет в Козероге, Юпитер — в Аквариусе, Марс — в Скорпионе, Венера — в Рыбах. Меркурий будет через месяц в Козероге, Аквариус — в Рыбах, Луна — в Аквариусе, Голова Дракона — в Либре, а Хвост — на другой стороне от Знака. После соединения Юпитера с Меркурием в плане соотношения Марса с Меркурием — Голова Дракона соединится с Солом и Юпитером.

Год этот будет мирный, без затмений. Начало же этого года будет омрачено такими жестокими гонениями на христианскую церковь, каких даже в Африке не наблюдалось. И это произойдет в 1792 году. А ведь в этих годах каждый будет усматривать предшествие обновленной эры. После этого романский народ выправится и удалит подозрительную тьму, вернув себе часть прежнего света. Но теперь уже без очень больших разъединений и непрерывных перемен. Венеция после этого взмахнет могущественным крылом и взлетит так высоко, что силу и влияние ее станут сравнивать с силой и величием Древнего Рима. В то же время византийские паруса в сочетании с итальянской помощью и мощью Севера будут неодолимым препятствием для противника. Так что эти с Крита не станут придерживаться своей веры. Их дружбы будут искать поднятые волной Нептуна корабли, построенные по типу тех, что сооружались в древности военными людьми.

В Адриатику придут великие раздоры. То, что было скреплено, — рассыплется. И там, где раньше стоял большой город, останется лишь дом. Это относится к Пампотану и к европейским землям — на 45-м градусе и к другим странам на 41, 42 и 47-м градусах широты. Адские силы в этих странах поднимутся на Иисуса Христа. Придет второй Антихрист, и он будет преследовать церковь и преданных ей священнослужителей при содействии могущественных властителей, которые в неведении своем будут заворожены более острым, чем меч в руках безумца, языком великого человека. Царство этого Антихриста не будет длиться дальше того, кто порожден веком.

А другого из города Планкус (Лион) будут сопровождать избранники Мадены, Фульсея при Ферраре. И он будет поддержан Адриатикой и лигурийцами и будет близок к великой Тринакрии (Сицилии). После этого галльский Огмион пройдет через Монт Жавье (Барселона), ведя с собой такое множество людей, что даже вдали от империи на них распространятся внутренние законы ее. И через известный период времени будет пролита кровь невинных. И крови этой будет так много, что в ней едва не утонут пролившие ее.

Тогда память об этих бедствиях и событиях будет смыта большими наводнениями, и даже в письменах ничего нельзя узнать будет об этом, потому что и у летописей онемеют уста. Это и произойдет с северянами, но воля Бога опять свяжет страну, и у мужей настанет мир во всем мире, и Церковь Христа будет свободна от притеснений, хотя азустианцы, то есть развращенные, и дерзнули бы смешивать с медом свои ядовитые соблазны. Это произойдет примерно в седьмом тысячелетии, если христианские святыни не будут попраны неверующими, что придут с Севера. Мир будет близок к великому всесожжению, хотя вычисления в моих пророчествах распространятся и на более дальние времена.

В послании, которое я несколько лет тому назад посвятил моему сыну Цезарю Нострадамусу, я открыто утверждал, что есть вещи, которые нельзя назвать предсказаниями в строгом смысле слова. Но здесь, Ваше Величество, мы пронизаны предчувствием великих и чудесных событий, которые узрят те, что придут после нас. И надо признать — при помощи астрологических вычислений, в гармонии со Священным Писанием, — что преследование духовенства начнется силами Северного правителя, соединившегося с Восточным. Эти гонения на духовенство будут длиться одиннадцать лет и немного меньше, до падения Северного вождя, когда его время придет к концу и его заменит вождь, объединивший Юг. При нем будут еще более жестокие преследования духовенства и церкви в течение трех лет, и будут дважды использованы апостольские чары того, кто наделен абсолютной властью над воинствующей церковью Бога. Служившие Богу святые и все те, которые действуют по Божеским законам и почитают религию, будут терпеть гонения, и кровь их будет литься через край. И крови, пролитой одним из этих ужасных властителей, будет больше, чем вина, где-либо и когда-либо изготовленного. Властитель сказал, что будут совершены небывалые преступления против церкви. Человеческая кровь потечет на людные улицы и храмы струями проливного дождя. Ближайшие к этим местам реки будут красны от крови. И во время сражений на морях воды их тоже станут красными, так что один правитель скажет другому: «Bellis rubuit navalibus aequor» («Море окрашено в киноварь кровью морских боев»). Затем в тот же год и в последующие годы придут чума, грабежи и такие большие нашествия, каких со времен христианской церкви еще не было у режимов, под которыми жили латинские народы. Это оставит некоторые последствия в нескольких землях под испанским владычеством. Тогда третий северный царь, прослышав про недовольство народа главным титулом, который он присвоил себе, создаст такую огромную армию, что превзойдет все содеянное его предтечами и предками. И благодаря этому он и его приближенные сохранят ключевые позиции в своем государстве. Великого первого иерарха формально восстановят в его прежних правах, но душа его будет опустошена и потрясена, когда его вернут к прежним святыням, которые станут поруганными и разрушенными новым язычеством. Ветхий и Новый Заветы тогда будут осмеяны и сожжены. После этого Антихрист сделается принцем ада. То будет последняя эра христианских государств, а также эра ссорящихся с ними в течение долгих лет царств, возглавляемых неверующими. И тогда придут многие горестные войны и битвы. Города, поселки, замки и другие строения будут сожжены, сломаны и разрушены. При этом будет пролито много не только воинской, но и девичьей крови. Отчаявшиеся вдовы с грудными детьми станут из мести бросаться на стены городов. И так много зла придет от принца ада — Сатаны, что весь мир еще долго будет лежать в запустении и разрухе. Но прежде чем это случится, многие необычного вида птицы будут взрывать воздух криком: «Хей, хей!» («Теперь, теперь!») И до тех пор эти крики будут слышны, пока птицы не скроются из глаз. А еще позднее наступит время деятельного добра, и возобновится правление Сатурна и Золотой век. Бог-творец однажды скажет: «Не надо больше горестей и страданий у созданных мною народов». Сатана будет связан и низринут в бездну. Так начнется благословенная эра вселенского мира между Богом и человеком. Экклезиастская мощь проявит свою силу, и Сатана будет скован на тысячу лет, пока не воспрянет снова. Еще раз скажу, что все мои образы и мысли пропитаны божественным духом, духом Священного Писания. Можно сказать, что Сатурн, Юпитер, Марс и другие планеты и звезды соединятся с этим духом, и обо всем этом можно судить по моим четверостишиям. Я мог бы вычислить это более глубоко и координировать это с вычислениями других ученых. Но я вижу, о мой бесподобный Король, некоторых, готовых проверять меня, и я отсылаю свое перо к полному покою.

«Multa etiam, o Rex potentissime proeclara, et sane in brevi ventura, sed omnia in hac tua Epistola, innectere non possumus, nec volumus, sed et intelligenda quoedam facta, horrida fata pauca libanda sunt, quamvis tanta sit in omnes tua amplitudo et humanitas homines, deosque pietas, ut solos amplissimo et Christianissimo Regis nomine et ad quem summa totius religionis auctoritas deferatur dignus esse videare».

(«В мире так много вещей и событий, мой Король, которому все подвластно, что я не смог бы объединить и описать в этом послании всего наиболее примечательного, что должно произойти в близком и далеком будущем. Но по логике определенных фактов, интеллигентно освещенных мной, несколько событий, над которыми тяготеет злой рок, составили экстракт этого моего послания. Ведь Ваши широта и человечность так велики, как и Ваше соучастие к Богу, что Вы один кажетесь достойным великого титула, о мой наихристианнейший Король, и мне хочется верить, что Ваш высочайший авторитет и понимание всех религий сделают Вас снисходительным ко мне».)

И я умоляю Вас, наимилосерднейший Король, зная Вашу редкую и благоразумную доброту, поймите, что я действую по велению моего сердца, и это — залог того, что я повинуюсь Вам, мой бесподобный Король, с тех пор как я своими глазами видел Ваше королевское величие, я стал стремиться к тому, чтобы за моими словами было признано их значение.

Ваш верноподданный Мишель Нострадамус
Solonae Petrae Provancae

Послание это было отправлено
из Салона 27 июня 1557 г.

Центурия VIII

Эх, Лорон, Пау, Ней, кровь сочится сквозь пламя,
Полководец идет по земле и воде,
И Помион и Дюранс видят рваное знамя,
Что взметнулось навстречу превратной судьбе.

От молнии рушатся стены в Гаронне,
И в небе грохочет суровый огонь,
Кондон, как и Экс, злой войною затронут,
А Марсу был люб бронированный конь.

Резвирс с Вигиланом — в раздорах и тяжбе,
Кто ближе всех к младшему сыну Нанси?
Теперь в Вигилане завистлив был каждый,
Лион в этих склоках не видел красы.

Петух будет, знаю, оставлен в Монако,
И это французский поймет кардинал,
Орел слишком слаб для решительной драки,
Петух же и силу и крепость забрал.

В Бретеле сияют все лампы и свечи
И блеск бриллиантовый всюду струят,
Был гроб короля торжествующей горечью встречен;
Преемники Франции славу хранят.

Лион содрогнется от яростных взрывов,
И Мальта от скорби поникнет главой,
Сардон Маурис обманул некрасиво.
Петух! Встреть измену и дикий разбой.

Версаль и Милан держат факелы мира,
К Тицину целебный огонь принесет,
Вся Сена ликует на дружеском Пире,
И демон Флоренции битв не зажжет.

Лютерн вместе с гроздьями ферм у Шиваза
Составят единый оплот для Орла,
Они против выборов выступят сразу,
В Турине невеста бесчестье снесла.

Петух и Орел будут в битвах едины.
Противники: Венгры, Палермо, Левант,
Колючие проволоки, верь, сокрушимы,
Над Римом взовьется союзный штандарт.

Он рвет на куски это странное войско,
Во взрыв претворенный небесный огонь,
Был запах с Лозанны удушливым, стойким,
И людям неведом источник его.

Толпа заметалась вблизи от Винценза:
Ведь весь базилик был охвачен огнем.
Венеция! Знай, что борьба бесполезна:
Большой валенсиец изведает гнет.

Двоих увидали вблизи Буффалора,
Высокий и сильный стремился в Милан,
А Фойский аббат мужиком переряжен был скоро,
И Сент-Маурисцам известен обман.

Хмельнее вина страстность женщин влюбленных,
И Беллерофонтом погублен Прейтус,
Просторы небес для крылатого флота пригодны,
И к смерти строителя с жертвой ведут.

Нас ждет золотой и серебряный кризис,
Никто не поверит нам больше в кредит,
Надменность продаст драгоценные ризы,
И женскую честь не спасти от обид.

Великая женщина Север разбудит
И блеск всей Европы к себе приведет,
При ней два затмения мир не забудет,
И Польша к великому горю придет.

Сюда наводненье нахлынет внезапно,
И волны покроют античный Олимп,
Никто не спасется от гибели страстной,
И к илу корабль Язона прилип.

Врагом окружен будет город у моря,
Где властвуют голод, пожары и кровь.
Три брата — три деспота мир перессорят.
Мешается с пеплом родительский кров.

Традиции губят и затхлость и плесень,
Раз падает древо — спасайте плоды.
Три лилии Франции вянут от бедствий,
Чего же нам ждать от новейшей звезды?

В борьбе на верхах много злобы и споров,
Кого ж вознесет новый переворот?
Разрушены семьи жестоким террором,
Раз красного красный возьмет в оборот.

Церковные выборы станут подлогом,
Глядите: часовни по горло в крови.
В почете — создатель фальшивого слога,
Он подкупом к власти прийти норовит.

Черны паруса под мостом порта Агда,
Чума проплывает на трех кораблях,
Здесь тысячи — жертвы бубонного ада,
Мост рухнул, и всюду безумствует страх.

Корсан и Нарбонн шлют посланье Тучану,
Куль с солью надежно посланье хранит,
Поможет ли Римский эдикт Перпиньяну,
Что, Вольрап, окончена серая жизнь?

От писем таких покраснеет шкатулка,
Самой королеве любовник писал,
Сыск рыщет теперь по любым закоулкам,
Но кто он? Об этом никто не узнал.

Уже лейтенант перед черною дверью.
Теперь Перпиньяну низложенным быть,
Спасайся, раз в горную лестницу веришь,
Бастард Лузиньяна обманом разбит.

Возмездье за страсть не сравняешь с любовью,
Отцовской наложницей сын овладел,
Двойной ручеек обагряется кровью,
Колышутся двое безжизненных тел.

Взойдут и взрастут позабытые зерна,
А их раскопают средь древних руин,
Колосья златятся над почвою черной,
И благостен дождь Монсерратских равнин.

Как феникс из пепла, взлетит его слава,
Хотя император к паденью придет,
Железный корабль, ошибки исправив,
К созвездию арок Оксельских придет.

Где ж древний златой и серебряный идол?
Его не убьют ни огонь, ни вода,
Поэты и скульпторы служат ему панихиды,
А книги и статуи будут всегда.

Ее сбили с ног наводненье и землетрясенье —
Колонну четвертую древних руин...
Сатурн! Погребальная урна нетленна:
В ней золото вместо костей, на, прими!

Когда созидали театр для зрелищ,
Два клада случайно пришлось раскопать.
Добро или зло землекопы задели?
О том близ Базакля придется узнать.

Пошел далеко юный принц Пескарийский,
Но плод будет горьким на дереве зла,
Ведь турок младой, подвергаяся риску,
В борьбе его к скорби и гибели звал.

Есть ясность и злоба в глазах у Венеры,
Убит твой племянник, французский король!
И девять убийц будут в гневе безмерны,
И трон твой изведает горе и боль.

Блеск молнии будет светить его имя,
В Вероне, в Винценте его колыбель,
Его на Венецию месть и карьера поднимут,
Но ждут его гнев и немилость небес.

Число жертв превысило шесть миллионов,
Холм братской могилы затмил бы Юру,
Лисицы своих же тузят под Лионом,
В боях у Мазола Ульм шею свернул.

Хлад северный ветер несет Марзавесу,
И ярость мезанцев скует Дордонис,
Лес близ Дамазана вниз голову свесил,
Блуа и Гаронну судить будет высь.

Да герцог еще посчитался с Онде,
Белувр им тоже не будет забыт.
И треснувший мрамор стал людям негоден,
Теперь Блетьерану без отдыха быть.

Вся в трауре старая крепость близ Темзы,
Король без камзола стоит у моста,
Его голова с плеч слететь не замедлит.
Диктатор не даст сердобольным роптать.

Король из Блуа власть возьмет в Авиньоне.
Поднимется ропот среди горожан.
Тут пять непокорных со стен скинут в Рону,
Один же до Ноле успел добежать.

Что ж! Принц византийский стал жертвой крушенья.
А вождь Толентайн — победителем в фойских боях,
Жену неудачника вниз не сорвет пораженье,
Тулузский же принц волновался не зря.

Таур и Дорад эту кровь не прощают,
И вот Сатурнинец возмездью не рад,
Идут к Абланину, сверкая мечами,
И в новое озеро рухнет Майнад.

Тихоня стал хитрым и ловким тираном,
Когда он пробрался на папский престол,
Доверчивой пастве наносит он раны,
По-лисьи пушистым виляя словцом.

Всему виной сила, насилие, скупость,
И вождь Орлеана в досаде на них.
Смотри, Сент-Мемир! Штурм споткнется о трупы,
Погибший в шатре непритворно притих.

Фанатик-маньяк стал опорой народа
И к власти пришел через злобу и кровь,
Взметнулась эмблема плебейского рода,
Мятеж разрушает родительский кров.

В дерзаниях он превзошел Огмиона,
Но в семь или в девять свернул он с пути,
Так зверь в человечьем обличье мечтает о троне.
С Наварры до По он намерен пройти.

Он ногу сломал, и рука перевязана шарфом,
Таким был Луи, уходя из дворца,
Здесь смерть тронет трупы у траурной арфы,
Пасхальный хорал не допет до конца.

Страшитеся двух затруднений в Тараре,
И Манзоле в страхе за римский союз,
Три брата французских, Орел и Петух будут в ссоре,
Кровавого трона под Марсом боюсь.

Ты было свидетелем битв Ганнибала,
О озеро! Где же коварный де Пол?
Скольких убиенных на дно твое канут,
И яростный немец в атаку пошел.

Предвижу войну в планетарных масштабах,
Три армии грозных республику рвут,
Созвездия против и сильных и слабых,
Но все ж Кальдондон от разгрома спасут.

Созвездия в факелы гроз превратятся,
Тардайцы, я знаю, прорвутся в Бруджес,
И с гибелью вождь Барабарии в Понтерозе встречался,
В февраль, в день шестой, смерть царила окрест.

Сагунс! Над тобой горевая комета.
Вокруг Кападильо и голод и мор,
Стал рыцарем зверь, добряком обогретый,
Тунисец большой обезглавлен, но казнь — не позор!

Колон повторяет судьбу византийцев,
Кордова его принимает опять,
Сквозь зависть его кораблям не пробиться,
Отшельником будет он жизнь созерцать.

Король из Блуа власть возьмет в Авиньоне,
Сквозь Линден его с Анбуаза вело,
Здесь воля монарха всю церковь с мест стронет,
И Гвозь из Пойтриса калечит святое крыло.

Божий храм омывается солнцем и правдой...
Кто в Булони смывал пятна прежних грехов,
Тот взлетел высоко, но ему иерархи не рады;
Он блестящий сановник, а патер плохой.

Генрих Сильный был великодушен,
Добиваясь вступить в этот брак,
Сент-Квентин и Аррас. Путешествия ждут ваши души,
И Мацеллум Второй вел испанцев во мрак.

Мост спешно построят из бочек и чанов,
И будут разрушены восемь мостов,
Пленили вождя, и отряд его в ранах,
Ножи режут глотки у лучших сынов.

Беда, коли в партии воля ослабнет
И в левую пропасть обрушится стон,
Пусть в правом углу все реформы озябнут,
Раз будет открыт беспартийный закон.

С простого солдата он стал полководцем,
Все выше всходя в боевых временах,
При нем на крестах гаснет яркое солнце,
И церковь изведает горе и страх.

Разделится братьями все королевство,
И диспуты стоит оружьем сменить,
Британское имя и титул английский — в соседстве,
Кого ж воздух Франции здесь опьянит?

Ей дважды взлететь — дважды встретить паденье,
Ни Запад ее не принял, ни Восток,
Германию предала страсть к разрушеньям,
Страна получила жестокий урок.

германия

Ведь их, как родных, повстречают в Париже,
Вся Франция славит теперь англичан,
Большая победа все ближе и ближе,
Но все же Норларис страдает от ран.

Избави нас Бог от опеки дер Тага,
Не верно, что здесь он навеки осел,
Растоптанный жезл его славится в сагах,
Свобода нужна нам для собственных дел.

На что ему Ронские эти святыни?
Захватчик разграбит старинный собор,
Но демон бубонный их всех опрокинет,
Своих и чужих бьет губительный мор.

Из женской измены кровь хлынет потоком,
Замучена мать, раз не муж был отцом,
Убит и сынок, ставший жертвою рока,
Повешено восемь невинных ни в чем.

Детей острова все равно не щадили,
Совсем уж отчаялись два из семи,
Но всех их поддержки от лиги лишили,
Режим в Монпелье остальным был не мил.

Он сам разрушал все благие надежды,
Когда двадцать месяцев правил страной,
Тиран распинал человечность и нежность,
Но был еще худшим правитель иной.

Столетья отыщут забытые книги.
Мой факел в иных оживет временах,
Где троны исчезнут в восстаньях и сдвигах
И принцы в могилах прочтут письмена.

Когда ни один, ни другой не был выбран,
Добился согласья безвестный Нерзас,
Народ за него: это пастырь большого калибра,
Колонья с Феррарой его не предаст.

Проворный юнец обманул кардинала
И выбил его из позиций былых,
Пускай Акведук с усыпальницей принца того не видали,
К интригам век новый, как древний, привык.

Восьмой, третий, первый... летят серафимы
С дерзающим взмахом святого крыла...
Старик был для юноши ангелом зримым,
Поддержка богов от бесчестных ушла.

Дикарь стал тираном у месопотамцев,
Наложницу делит с врагами идей,
Он даже лицом почернел от злорадства,
Скотина, которая топит людей.

В грядущем предвижу расцвет астрономов.
Науку о звездах не сжечь на кострах,
Шестнадцать веков и семь лет вспомнит умный потомок.
Открытья не меркнут во всех временах.

В день праздника были сраженья и беды,
Коней после боя накормят овсом...
Возможно ль Равенну поздравить с победой?..
И поле Перуджи познает разгром.

Король был избит полудиким солдатом,
И жадная мать довела их до ссор.
Но вот заговорщик идет на попятный,
Всем варварство это урок и укор.

Приезд короля бесполезен для славы,
Бунт — праздник для жителей новой страны,
Свободными грубою силой не правят,
Энергия смелых там жизнь осенит.

Отца вместе с сыном там зверски убили.
И был губернатор под сенью шатра.
Мать плачет над тайной сыновьей могилой,
Где светлая зелень уходит во мрак.

Он Англию всю на колени поставит,
Хотя он скорее палач, чем король.
Законность и честь он на плахе кровавит,
Как скоро судьба даст ему эту роль?

Не даст ничего этой тройке Антихрист.
На двадцать семь лет затянулась война,
Все реки в крови. Трупы делают землю нечистой.
Мыслители гибнут; преступников греет страна.

Брагамас еретикам двери откроет,
Воинственность церкви при нем возрастет,
Здесь мертвые буквы идут грозным строем,
И только живая любовь не цветет.

Течет в его жилах кровь злобной Горгоны,
И он разрушает деянья отцов,
При нем будут совесть и слово в загоне.
Но сгубит себя этот вождь подлецов.

Злодейство замучает женщин невинных,
Кровь вдов потечет от великого зла,
Пожар от свечей угрожает иконам старинным,
И ярость людская в движенье пришла.

Величье империи смято разрухой,
Раз Север сумел за себя постоять,
Идут из Италии горькие слухи,
С тревожной Испании нечего взять.

Развенчанный будет в постыдном изгнанье.
В камзоле припрятаны яд и письмо...
С его тиранией страна в расставанье,
Убийство и страх не покинули дом.

Огромнейший парус покинет порт Зара.
Враги и друзья не потерпят потерь,
Близ Турции люди бывают недаром,
И третий двоих будет грабить теперь.

Бесстрашно лети, парусовое племя,
Сроднившись с грядой грозовых облаков!
Триестский залив терпит грозное время,
Уйдет от Сицилии смелый поток.

Испанию с Францией ждет примиренье,
И Марс побледнеет теперь от венца,
Но брачное ложе разрушит смятенье,
И трудно уйти от плохого конца.

«Бичоро, Бичоро!» — кричат эти люди,
В Байенну сбегаясь со многих мостов,
Тулузцы, Арианцы здесь с гордостью будут,
И Монт-Адрианцы услышали зов.

Живет в нем кумир заповедных собраний
С паучьим крестом и рогами быка,
Безумный кабан изрыгал заклинанья,
И славу его проклинают века.

Трепещут поля вдоль извилистой Роны,
Им горько под знаменем антикреста,
Скольких наводнением сильным затронет,
И многие будут шептать и роптать.

Король благородный в Сардинии будет,
Но только три года он правил страной.
Потом заметались продажные люди,
И он проиграл бескорыстный свой бой,

Его отлучили от тяжбы с народом,
Конями растоптан был дикий тиран,
Он проклят своим же страдальческим родом,
Его не терпел даже собственный стан.

Не всякий считается с выборной властью,
И кровь невиновных таких не страшит,
Случайно убитые — жертвы несчастья,
Пусть жесткого Бог на суде устрашит.

Не сменишь его нашей прежней короной:
Он с армией как император и Бог.
Солдат его в дальней стране погибает и стонет,
Вернувшийся вновь разорит свой чертог.

Он умер, семь месяцев правив прелатством,
И в схизме позднее был изобличен.
Правитель Венеции строил и мир и богатство,
Семь месяцев ведая светлым лучом.

У озера смелое слово низвергнут.
И кто воспрепятствует планам врага?
Медлительность станет крушеньем безмерным,
И грабят албанцы испанцев в горах.

Отступников скоро посадят в темницы,
Сурово связав по ногам и рукам,
Под знаком креста будет вера двоиться,
Фанатик с еретиком бьются века.

Я знаю, что часть синагог опустеет.
Библейским легендам сломают крыло.
Но только мученья и слезы евреек
Нельзя превращать в исторический лом.

Судьба переменит военную славу.
Посеявший штормы руины пожнет.
В цветах — берега: Трех детей учат плавать,
Сквозь уголь и горе весна прорастет.

Прольется в восстаниях кровь духовенства,
Кощунства грозят затопить города.
Развалины храмов как вестники бедствий,
Но истинный свет не умрет никогда.

Пусть знают, что папский престол передвинут
По воле сомнительных трех королей,
В том Кесарь, не дух христианства, повинен,
Но дух этот выше великих смертей.

Знать будет низвергнута: снизу придет верховодство,
Взрастут и мощь и мозг армий в грядущих веках.
Жизнь можно утратить шутя, и бороться за правду непросто.
Гляди: изобилье у голода с чашей без влаги в руках.

Когда ожидания многих обманут,
Народ реформаторам грех не простит,
Воздушные замки в декретах завянут,
И сор от иллюзий по свету летит.

Возможен ли искренний мир между ними,
И кто из них выше — монарх иль Господь?
Богов отвергают земные кумиры,
Дух Божий в монархе святит нашу плоть.

Народ вызывал и ужас и жалость.
Простой человек обманул сам себя,
Сражаются стаи волков, зубы яро оскалив,
В содружестве всех, никого не любя.

Трибуны лелеяли ропот народа,
Внушая, что Бог будет против него.
Не всем негодующим это в угоду,
Раз добрых деяний не видно кругом.

Надежды на помощь все крепнут и крепнут.
Но, Господи, сколько ж приходится ждать.
Ведь силы народные блекнут и меркнут
И многим приходится долго страдать.

Ну что ж! Будет рад иностранный правитель,
Что Вену и Австрию с войском займет.
Трибуны, солдаты, остановитесь!
Пусть яростный гнев ваш скорее пройдет!

Центурия IX

Все письма — призыв к коренным переменам,
Бурэ, переводчик, их взял со стола, —
И здесь демагог с краснобаем тому набьют цену,
Кто множество благ всем своим обещал.

Скорее, скорее, скорей уходите!
Из Монт-Авентайна разносится зов,
Колонья с семьей! С Аримини и с Прато бегите!
Здесь жизнь насыщают страданья и кровь.

Ведь из ничего вспыхнут бури в Равенне,
Бунт сильных пятнадцати душит Форнез,
А в Риме пожары и кровь благоденствия сменят.
Ведь два двухголовых уродца окрест.

Могущество двум дано выборной властью,
Изгнанник отброшен в позорную тень.
Разграблен весь дом и повсюду несчастья,
И в нови колыхнется пасмурный день.

Из третьих рядов он продвинется в первый,
Опорой ему станет сброд, а не знать.
Тиран оккупирует Пизу и Люкку, наверно,
Громила с низов мог людей усмирять.

Полки англичан наводняют Кайену,
И здесь аквитанцы присвоили власть,
Ну как, Лангедок, хороши перемены?
Вот барбокситанцев намерены звать.

Злой дух обитает в старинной гробнице.
Открывший — захлопни ж, захлопни скорей!
Но поздно, и бедствию дали разлиться,
И лучших оно не щадит королей.

Никто не уйдет от возмездия свыше,
Сам Бог покарает волчат и волков.
Отца принц убил, и потомки об этом услышат,
Цени ж Тайнописцев минувших веков!

Мистический свет виден в храме Весталок,
Останки колонн точно мачты затопших судов.
Тень девочки с лампой в руках пробежала.
Низмесцы! Разлив сокрушает ваш кров.

Монах и монашка у трупа ребенка,
Чье тельце стекольщик случайно нашел...
К военному лагерю с Фойкса проложены тропки,
Готовься, Тулуза, принять эту боль.

На смерть осужден был совсем невиновный,
И зрелище казни пьянило людей.
Потом здесь чума разжигала жаровни,
И судьи бежали отсюда скорей.

Кому серебро этих статуй вернули?
Диана с Меркурием видят озерное дно,
Рыбешки под старым сосудом блеснули,
И золото в нем никому не сдано.

Бежали они из темницы салонской,
Свирепый болоньец, моденские два,
Костер с Буранкоза открыл их тряпье и обноски,
И ночью всех видно у скользкого рва.

Готов для преступников чан над Равенной,
Чан с медом, с оливковым маслом, с вином.
Живьем в нем кипеть будет всякий повинный:
Семерка предстанет в Бордо пред судом.

Парпан не сумеет помочь кардиналу.
Куда же, куда непокорным бежать?
Три мирных и немощных пять устояли.
Бургонский прелат может их поддержать.

Блеск молний одобрят лихие созвездья,
Тот блеск омрачит центр Майенских лесов.
Кровь с листьев стекает на зверя из бездны,
Великие люди похожи на псов.

Страна не сорвется в глубокую бездну.
Решительный Франко друзей созовет.
Пускай неприязнь дипломатов исчезнет:
Испания силой традиций живет.

Что ж! Новый король любит кровопролитье,
И умер для Франции век золотой.
Вы третьего сына Нероном Креста назовите,
И он воссоздаст Форнерон дорогой.

О славе империи знают фламандцы,
Дофин сделал лилии частью Нанси.
Уйдя с лучших мест, трудно с болью расстаться,
Под гнетом препятствий сам Монморанси.

Он ночью идет сквозь леса возле Рейна,
А камень белеет в Волторте-Херне,
Весь в сером монах вызвал бурю в Варенах,
Где вольные люди и храмы в огне.

С собора Блуа виден мост чрез Луару,
Король и прелат встретят зло на мосту.
У Лонских болот воевали недаром,
Раз все духовенство отсюда сметут.

Придворным здесь надобен вкрадчивый шепот:
Король был в соборе вблизи от дворца,
А Альба с Мантором, ступив на садовые тропы,
Кинжалом и словом пронзают сердца.

Недаром обрушилась кровля у дома.
С продавленным черепом сын короля.
Молитва отцу не приходит на помощь,
И праздничный блеск не полюбит земля.

Их двое, детей королевского дома.
Карета бежит от дворца над скалой,
Поездку сады монастырские помнят,
Где плод недозрелый качался с листвой.

Известье летит из Испании птицей,
Крылом задевая куст роз у моста...
Быстрее, чем мысль, эта весть разлетится:
Безирс для погони еще не устал.

Уход его глуп: нет серьезной причины.
Неверно, что Папа ему угрожал.
Люблю освежающий ветр в Пиомбино
И стены в Вультрее в зеленых плащах.

Достигший высот изменяет дофину.
Мост сломан, и ветер повалит забор.
Но старый Текон в тех делах неповинен
И герцогу стелет в знак дружбы ковер.

Встречай Геную и Сицилию пушечным громом!
Летит над Иллирией рой парусов.
Не видишь: с Венеции и Масильона
Противник с венгерцем схватиться готов.

Да! Он Сен-Квентин никому не уступит,
И он же с упорством захватит Каллас,
Дома, корабли у Шарье испугаются крови и трупов,
Так новый порядок встречают у нас.

Пуолская гавань и Сент-Николас видны с борта,
Корабль норманнов качал фанатичный залив.
«Алла!» — слышен крик с Византийского порта,
Кадиз и испанцы крестов не сдали.

Земля на куски раскололась от взрывов,
В развалинах будут Кассич и Сент-Джордж,
Есть бреши в соборе у края обрыва,
И Пасха идет сквозь жестокость и ложь.

Порфирий! Сквозь время плывут манускрипты,
Подобно словесным большим кораблям.
Твой череп истлел, но твои паруса не забыты,
И мысль не догнать даже будущим дням.

Он будет сильней европейских монархов,
Его называют французской грозой,
Италия сбита великой нападкой,
И Рим Геркулесовой схвачен рукой.

Свершилось — один пятистам его предал.
Нарбонн! И ты, Солк! Чем зажечь фонари?
Ведь явь станет хуже кровавого бреда,
Монархия в зареве штурмов горит.

Теперь победителям роз не кидают,
К бесславию шел белокурый отряд,
В полях Македонских успех Фердинанда бросает,
И он с мирмидонцем сцепиться не рад.

Юнцы короля оттеснили от трона.
Он гибнет — топор занесен с высоты.
Сигнал светит с мачт: берегись беззаконий,
Три брата друг другу — враги и скоты.

«Кругом! Шагом марш!» — всем мостам с ветряками,
Теченью реки и дворцам на Тулузском пути
Декабрь дал приказ и взмахнул ветровыми руками.
Бассейн всей Гаронны крутящимся диском летит.

Французов, поди, будут ждать у Ажана,
Подсобник с Нарбонна беспечностью пьян,
Теперь англичане, рашельцы с Бордо выступают по плану.
Енатьян! И ты пострадаешь от ран!

Гляди: в Арбизеле, в Гревари так лихо.
Саванна взята штурмовою волной.
За старой стеной над дворцом — бой и дикие крики.
Их слышат Гвиара, Шарье и Гасконь.

Летит в Сен-Квентин шум листвы Баурлиса.
Фламандцы в Абее идут под удар.
Путь к миру гвардейскою шпагой пронизан,
Двух юных сынов ждет нежданный угар.

Да! Герцог теперь уже занял Карпентрез,
И черный берет его с красным пером,
Вот Генрих Великий царит в Авиньоне под ветром,
И в римском посланье оплакан был шторм.

К Тунису откатится варвар разбитый.
Мы вместе: Монако, Сицилия, вся Генуя,
С Венецией флот снарядим знаменитый:
Не быть полумесяцу в наших краях.

В бою — измаэлиты и крузодеры,
В огне паруса десяти кораблей.
Неверные и христиане — в неистовом споре,
Но в небе теперь над мечетью светлей.

Скорее беги из проклятой Женевы,
Где золото станет железной звездой,
Оттуда на землю лучи устремятся из гнева,
И небо подаст нам свой знак пред враждой.

К чему ему истина в важных вопросах?
Он ложью свои поправляет дела.
Законы и совесть он вовсе отбросил.
В Париж и Пьемонт злая скорбь забрела.

Он в мантии красной идет по Тулузе:
Не грешников — жертвы ища средь людей.
Тень тыкв в огородах над камерой пыток не сузят,
И новые казни предвидят везде.

Проекты реформ составлялись напрасно,
Раз голову слову снес переворот.
Смещенный монарх пред судьбою опасной,
Ворота дворца бурей крутит и рвет.

Шатается город у вод океана,
Дома валит с ног сумасшедшей волной,
Разбиты суда и мосты ураганом,
И ветер смеется над ранней весной.

Война и мятеж множат груды развалин,
К Антверпену движутся Кент и Брюссель,
Английский король к эшафоту отправлен.
От соли с вином будет Лондон хмелеть.

Большим демагогом был хитрый Мендозус,
Став демоном многих горячих юнцов,
Здесь варварство мечет напрасные грозы, —
Норларис — теперь — не отрада отцов.

Опасен для красных рост сект и религий:
Ударами плети не выстроишь мир!
Никто не спасется от дьявольской лиги,
Лишь демон земной приглашен был на пир.

Жизнь делит всю землю на две половины,
Одна будет с миром, другая — с войной,
В крови захлебнется и зверь и невинный,
Кому же вся Франция ближе душой?

Горели живьем три пажа в трех каминах,
Их юный король приказал умертвить.
Будь счастлив, живущий вдали неповинный,
Свои же безумцу спешат отомстить.

Они в Корсибон прибывают с почетом.
Равенна! Ликует ограбивший даму в порту.
Посол Лиссабона! Морские пучины разверсты.
Засевшие в скалах душ семьдесят с места сметут.

Весь Запад шатает войной небывалой:
Никто не спасется, ни старый, ни юный, ни зверь.
Пожары за кровью горячей бежали,
Меркурий, Юпитер и Марс не считают потерь.

Их лагерь раскинулся под Наудамом.
Оставлен в Майотах их выцветший флаг.
Ведь более тысячи на два разделятся стана,
Но только стан первый второму не враг.

Король прибыл в Друкс, чтобы вместо покоя
Оставить незыблемым прежний закон.
Ворота срывались с петель, трон был смят и расколот,
И кровь короля станет шелком знамен.

Три красных давно поджидали француза,
Заметив брег левый напротив Витри,
Жив черный, но красным распорото пузо,
И бритт был обрадован светом зари.

Да, красный Ник связан с нелегкою жизнью
И знал, что в Ферне будет схвачен Видам,
Великий Люк счет предъявляет отчизне,
И зависть Бургундию бриттам отдаст.

Далмация в страхе, почуяв пролитие крови,
И варвар сражается в черном углу.
Раз дрогнул туман, Измаил наготове.
Спасет ль Португалия преданных слуг?

Грабитель морских побережных владений
И в новых народах теряет друзей,
Мессинско-мальтийский союз не ржавеет.
Не терпит обид от чужих якорей.

Октябрь в день третий — под знаком великих событий,
Возвышены будут Ругон, Мандрагора, Оппи, Пертинанс.
Теперь Черногорец весь мир сотрясает открытьем,
И многое грозным предстанет для нас.

Опять потрясения вызовут войны,
И бедствия выветрят дух перемен,
Не зря же Нарбонн и Байон беспокойны,
Им больно от горя, страданий, измен.

Вторженцы пройдут Пиренейские горы,
Противиться в марте не сможет Нарбонн.
Здесь жизни сгорают, как дождь метеоров,
Над морем и сушей разносится стон.

Зеленые мысли вредны для реформы,
Раз плод недозрел — не срывайте его,
Потомков никчемные сдвиги не кормят,
И ложное благо не даст ничего.

Предвижу реформы и честную дружбу,
Меч, вложенный в ножны, — не самообман.
Поместья, поля и сады делу мира послужат,
Закон станет другом залеченных ран.

У врат у скалы их до сотни сойдется,
И видны ворота с Дизерских вершин,
В Шато с мест других удалец к удальцу подберется,
Друг Рима с крестом: ты крепись и держись!

Когда заговорщики шли из Аймара,
Солдаты таились в Ликийском лесу,
Савону и Рону знобило недаром,
От крови, от страха наш трон не спасут.

Две трети их стран изувечены градом,
Италия с Веной поникли разбитой главой,
Над Брессом и выше Байли — кладовые кровавого ада,
Град создан гренобльцем и введен был в бой.

Какое оружье сокрыто в ракете,
Которую мчит крыловидный огонь?
Латинское небо рвет северный ветер,
И взорван грозою был венский покой.

Святыни им видимы будут у Трикса,
Но их осквернить не осмелятся днем.
Каркассон! Будь рад, что немилость продлится,
С вторжением справятся долгим путем.

Все церкви и все синагоги зачахнут:
Исчезнут обряды в две тысячи сто пятьдесятом году.
И Крест и Давидовы звезды истлевшею славой запахнут,
Но милость небес люди в новом найдут.

Тюрбан голубой завладеет всем Фойксом
Пред тем, как Сатурн совершит оборот,
А белый тюрбан спорит с Турцией громко,
И звезды на мачты судов созовет.

Убийца тайком покидает град Ферстод,
Чернеет на пашне заколотый бык.
Здесь плащ Артемиды взметается облаком дерзким,
И пепел вулканов к погибшим приник.

С прибрежной волной будут ладить французы,
Амбрасия с Трасией хлынут в Прованс,
Законы и нравы их здесь они сгрузят,
Чтоб след свой надолго оставить у нас.

Беда, коли мир куплен страхом и кровью.
Два русла зажаты в железной руке,
Жестокость и злобу Нерон сделал новью,
Но был Кальвероном убит на реке.

Правитель чужой восседает на троне,
И к смерти идут королева и сын,
Зато Конкубину злой рок не затронет,
Раз сам победитель красой ее сыт.

Гречанка казалась античной богиней,
Успех ее цвел средь дуэлей и ссор,
Однако в Испании власть ее сгинет,
В темнице ждет казни пленительный взор.

Коварный галерным командовал флотом,
Стремясь подавить и протест и мятеж,
Уловки слабее взбесившихся глоток:
«Хватай командира... Души его... Режь!»

Пожалуй, во вред себе действовал герцог,
Сильнейшего друга куда-то сослав,
Деспотии в Пизе и Люкке с ним бились совместно,
А трезвый дикарь виноград собирал.

Спасайся уловкой, раз чуешь засаду,
Король пред врагами на трех сторонах,
Измена в Лонгине была хуже ада,
И слезы повисли росой на стеблях.

Обрушатся воды на град осажденный,
И новые бедствия с ними придут,
И все же доволен был страж удивленный:
Внезапной атакой людей не убьют.

Мир — в язвах и трещинах землетрясений.
Созвездья ломают хребты городам,
Дворцы и мечети стоят на коленях,
Безбожник идет по Христовым следам.

Полюбит мятеж белый мрамор гробницы.
Мысль главы медуз на толпу наведет.
Дух мести в бесправие нищих вселится
И злобою трон на куски разнесет.

Гасконь, Лангедок быстро пройдены ими,
Ажанцы держали Арманд и Реаль,
Фоценцы дерутся и новой короны не примут,
И бой под Сент-Полом уже грохотал.

К Шартрезу прорвутся Бурже и Ла-Рейнцы,
Антониев мост будет видеть привал,
Семерка за мир, ибо схватка бесцельна,
И скорби Париж осажденный встречал.

Да, храм от Туфонского леса отрезан,
И был в Монтлехери унижен прелат.
«Мой герб на монете! Держи, не побрезгуй,
Чеканю их сам», — ему герцог сказал.

Калас и Appac пособят Терроане,
Когда же придут и порядок и мир,
Отряд с Аллоброкса спустился к Роане,
Но марш убежденных был все-таки сир.

Семь лет улыбалась Филиппу фортуна,
Но варвары счастье пронзили стрелой.
Расцвет уничтожен смятением бурным.
Что ждет Огмиона с ослабшей душой?

Вождь сызнова бредит немецким величьем:
Решетки тюрьмы не задержат идей.
У Венгрии будет иное обличье,
Но мощь не построишь на крови людей.

Страдают от мора Коринф и Никополь,
Зараза идет в Македонию, в Крым,
Мрачат Амфиполис и плачи и ропот,
Яд трупный на улицах трудно отмыть.

И вот к Новеграду правитель стремится,
В бараний хозяева скручены рог,
Из тюрем вернут палача и убийцу,
Чтоб кровь просочилась в державный чертог.

Флот делят на три боеносные части,
Вторая найдет пораженья и скорбь,
С Полей Елисейских доносятся плачи,
Часть первая мстит за безмачтовый гроб.

Враг правильный путь выбирает из форта,
И вот к бастиону повозки спешат,
Буржесские стены нашествием стерты,
Побитый злодей Геркулесу не рад.

Один пропадет беззащитный корабль,
Но слабость утратит союз кораблей.
Штурм слаб. Братислава! Здесь враг не пограбит,
И к варварам Любек притянут сильней.

В мундирах солдат побережья Арама,
И армию новый ведет человек,
Потухнет в Милане военное пламя,
Вождь в клетке железной окончит свой век.

Не верьте, что враг не войдет в этот город,
И герцог напрасно не ведал тревог,
Уловкой врата отпираются скоро,
И кровь на мечах так порадует рок.

Отступник к чужим поневоле подался,
И вынужден сдаться наш вождь в Молите,
Но есть смельчаки, что намерены драться,
К суду тех, кто с ними идти не хотел.

Сёк всех осаждающих северный ветер,
Им трудно пробиться сквозь бури и мрак,
Дождь хлещет их плечи струящейся плетью,
И исповедь хуже сражений и драк.

Пожар корабли претворяет в руины,
И пламя в ночи спорит с светом дневным,
В военных уловках два флота повинны,
Победа сокрыта туманом густым.

Центурия X

Противник ослаб, но не хочет сдаваться:
Ведь пленных уморят иль сразу убьют.
Спасенья усталый солдат добивался,
Так дайте ж разбитым покой и приют.

Свернут паруса корабли и галеры,
И славу свернет возвеличенный флот.
Плывет победитель в рассветную эру,
Командуя миром сверхдальних широт.

И после пяти вождь отряд не покинул.
Назад к Пенелону, вчерашний беглец!
Пусть слух о подмоге врага опрокинет,
И будет осаде положен конец.

Пропал без вестей грозовой полководец,
Но слава его не была сожжена,
Семь лет о нем слухи ходили в народе,
Вернувшимся армия не спасена.

Альби и Картрез во едином союзе,
И к ним лиссабонцы охотно примкнут.
Каркассон с Тулузой согласье сочтут за обузу,
Раз там лоургезца великого ждут.

Кордону с Низмесом грозит наводненье,
Зато Декальон от волны оживет,
Гробницы и статуи пред возрожденьем,
И сильный пожар от воды пропадет.

Нанси захлестнуло великой волною,
Двумя кровожадными занят был Мец.
В Британии соль и вино размывались волною,
Возьмет ль Эпатьян всепобедный венец?

Он лоб разбивает в решительных схватках,
Рожденный большим сенегальским орлом,
Смерть трех за неделю — сигнал к еще большим нападкам,
Мирнами же саблей взмахнул, как крылом.

О пасмурных днях весть идет с Кастильона,
Неведомой девкою принц был рожден,
И вот уж на рвань водружают корону,
Земля не видала столь худших времен.

Насилья, убийства и гнусные страсти —
Враги совершенной и чистой любви,
Эпохи отцов, как и дедов, не ведали злейших несчастий,
И тонут мечи и кинжалы в крови.

Опасности ждите теперь под Йончером,
Постум с его армией их избегал,
Обоз пересек пиренейскую сферу,
И герцог в Тендэ с Перпиньяна бежал.

На этот раз выбор серьезно расстроен,
И Папу внезапно сменили другим,
Смерть слаще позора: смещенный спокоен,
И небо Христово склонилось над ним.

Солдаты смешались с пасущимся стадом,
Их выдал оружия скрежет и лязг.
Харбиполис, видно, не свалишь ударом,
Град вольности шум этот слышал не зря.

Его обличали в сомнительном доме:
Был пьян и в компании многих блудниц,
Ну как, Арнэ Вокль, не везет в Барселоне?
Отваге нельзя выходить из границ.

Да, дряхлого герцога мучила жажда.
И сын утопил его в кадке с водой,
В сенате на это разгневался каждый,
Преступник поплатится сам головой.

Французский король управлял справедливо,
Без крови, без казни, без блеска мечей,
Завистник и льстец ополчились на диво,
Разбойникам повар дал связку ключей.

Ей трудно дышать от мучительной боли.
Бледна была дочь королевы Эргест.
Но слез в Онголезме не слышно уж боле:
На свадьбе с германцем поставлен был крест.

Лоррена даст место Вендомскому дому.
Законность померкнет — в жизнь хамы войдут.
Сынами Хамана весь мир был ведомый.
Два сильных и места для встреч не найдут.

Ее из простых возведут в королевы,
Ей в храме и знатный дорогу дает.
Пусть грубо ее родословное древо,
Но гордость былую покорность взорвет.

Настанет эпоха всеобщего братства,
Век неучей, век палачей и воров.
Как смог обесславленный Рим опускаться,
Продав за бесценок сокровища, храмы, добро?

Король вместе с сыном потворствовал бедным:
Свои же сокровища им раздавал.
Их зверски убьют. Знать кричит о победе,
Она постояла за свой идеал.

Король островов отрешен был от власти.
Теперь будет править другой, не король,
Террор помогает решительной касте,
Реформы куются из гнева и воль.

Расположение дышит протестом,
Антиб и теперь своей армией горд.
В Монако же есть погреба и вино; там всем жалобам место.
Два Фриза те жалобы примут в расчет.

В Италии нашего принца схватили,
Корабль ожидают Марсель, Генуя,
Пожарами чуждые силы гасили,
Мед в бочке спас принца от злого огня.

Небро открывает проезд на Бризану.
Последняя веха стоит на пути.
Вся ложь в Пелигоксе цветет, а не вянет,
Раз женщина сможет в оркестр войти.

Преемник, поди, посчитается с зятем,
И новая власть проповедует месть.
Убийства опять вызывают проклятья.
Француз и британец смогли озвереть.

Карл Пятый поддержан самим Геркулесом.
Он храм отпирает железной рукой.
Орел под угрозой. Испанец был весел.
Колонья, Аскан позабыли покой.

Двумя из них создана музыка гимна.
Стихия вождей на высоты ведет,
Толстяк, изможденный, худой в переменах повинны,
Венеру вся фальшь этой славы гнетет.

Храм Павла теперь в грозовой атмосфере,
Искавший спасенья там схвачен, как зверь,
Пленившие, видно, в святыни не верят,
В Торбе он в оковах приведен теперь.

Окрепнут тюремные арки и своды,
И брызнет на камни кровь новых святых,
Что ж красное с черным не даст себе отдых,
Меняя на зелень цвет лет горевых?

В Германии будут великие сдвиги,
Открыт для Востока огромный простор,
И варвар, задумавший новое иго,
Над миром кровавое знамя простер.

Империя крепнет в невиданном взлете,
Но сила ее все равно отомрет.
Могущество в злобе своей задохнется,
Держава зверей долгий век не живет.

Жестокая клика под мантией длинной
Скрывает отточенный остро кинжал.
Рабы и вассалы Флоренции дивной
Узнают, как герцог здесь власть удержал.

Вся Франция видит в нем бога сражений,
Но он обесславлен своей же родней,
Был сбитым с коня просчитавшийся гений,
И братьев топтало проклятой войной.

Убил негодяй королевского сына,
Надевшего радостный женский наряд.
Принц шел на свиданье к немецкой кузине,
И храм Артемиды похож был на ад.

На юге король о победе мечтает.
Ему ль хармотийцев навек обуздать?
Тиран и грабитель людей своих знает,
Не в силах никто острова покорять.

Боржесское озеро! Шторм тебя гложет,
И берег затоплен людскою волной,
У Сен-Жулиана шум битв слишком яростен, Боже,
С Чамбара, с Морены бьет сильной грозой.

Что ж, бодрая дружба приводит к осаде.
Так! Сенбарбарийский терпи гарнизон!
Французу Урсини и Адрия тайные ставят преграды,
И армией сильной грозит всем Гриффон.

Два острова — в длительной траурной скорби:
Принц умер, еще не оставив детей.
Как быть же? Закон правый путь не находит,
Девчонка-вдова не в чести у властей.

Британия в гневе на юного сына,
Хотя сам король завещал ему власть.
Раз умер отец, сына надобно скинуть,
Пускай он в изгнании может пропасть.

Вильфранш расцветает под музыку лютни.
Звон струн стронул с мест и Сусат, и Чарлус,
От песен и танцев в долине уютней,
И пляшут куст роз и сиреневый куст.

Мечи с арбалетами пылью покрыты,
И ангелы мирное время хранят.
Нет больше войны, плена, трупов убитых.
Пусть боги детей и любовь пощадят.

Что ж, время почтить королевскую щедрость!
Есть казни и подвиги, гнев и любовь.
Не важно, хранит ли жена ему верность,
Раз сплетни содействуют рубке голов.

Да, он подчинит себе многие земли:
Кордову, Далмацию, с ними Маммель,
Пусть тени семьи его трон не колеблют,
И скипетр в руках его не устарел.

Ну может ли тень королевства Наварры
Законы и мозг целой Франции дать?
Король Орлеана стену укрепляет недаром.
Гамбрай, так ли прочна твоя благодать?

Фальшивым богатством цеха обольщают,
Вознесся над миром жестокий мужлан.
Саксонцы его не впервые встречают.
Знак мира спокойному Брунсвику дан.

Откуда, откуда приходит измена?
Пусть град леди Гарланд боится Бурже.
Великий прелат любит черные тени,
И лжепилигримы с мечами уже.

Что ж, мост через Лейн зашатается с горя.
Из глуби Испании хлынут войска.
Противнику быть победителем в споре,
Но путников мирных полюбит река.

Погибнут сады, обступившие город,
С домами, подобием горных вершин,
Раскиданы трупы разбитых моторов,
Волной ядовитой мосты сокрушит.

Сатурн астролог даже днем опознает.
Измена Херона откроет три лурнских звезды,
Лорренский поток города с мест срывает
И рвется сквозь горы, равнины, сады.

В Лоррене жестокие веют знамена.
В грозу облачая немецкий союз,
Но их одолеет Кантон неуемный.
Норманны спасутся от вражеских уз.

В Антверпене свадебный пир разыгрался:
Пусть вместе сливаются Шельда и Лей.
Покой дней былых к молодым возвращался,
И гроздь винограда близ кубка светлей.

Три нации дрались и долго и дерзко.
Большой — в стороне, сберегая свой дом,
Друзья и опоры в Селине не крепки,
Хоть он их и звал под жестоким огнем.

Услышала тайная дочь Конкубины
Печальную новость от знати, с вершин.
Ей плен угрожает в темнице старинной,
Брюссель с Малине ее будут страшить.

Да, свадьба величием пышным сияла.
Но только прославит все скорбный конец.
Супруги останутся в мире печали:
Фэб умер, зри, Нора, могильный венец.

Прелат короля болен страшной болезнью:
Кровь хлещет рекой у него изо рта.
Плененный в Тунисе стоит перед бездной.
Пора усиления Англии ждать.

Правитель совсем не достоин восторга:
Он худший из грязных и подлых людей.
Двух юных к стыду присуждают за гордость,
И жены — в объятиях черных смертей.

На Западе вижу большую опасность:
Селин Эматьяну войну объявил.
Наш доблестный флот под грозою ужасной.
Фоценс! Ты какую судьбу разделил?

Латиняне, немцы, брешийцы в Лионе
Ведут затяжной и коварный процесс,
Они лай бульдогов сердитых откроют,
И будет печальна нежданная весть.

Я плачу над участью Ниццы, Монако,
Сиэны и Пизы со всей Генуей,
Гляди: новогодняя кровь на мечах, жизнь окутана страхом
И землетрясенья воюют с зарей.

Что Бетта и Гамма, Гамор и Сакарбас?
Ведь варвар всю Венгрию в лапах зажмет,
А дым и огонь в ритуальном экстазе
Не скроют утопий крикливую ложь.

Сумеют ли венгры отбить нападенье?
Сражаться всей Буде дан строгий наказ.
Прими ж азиатский закон, население,
Раз демон славянский не скроется с глаз.

176

Скорее! Нужна медицинская помощь,
Внимайте, Цидрон, Рагуза, Сент-Жером.
Смерть принца уносит из отчего дома,
Восток метит венгров могильным крестом.

Лей слезы, Милан, и Флоренция тоже:
Ведь герцог над всем Чериотом навис,
В осаде Венеция, Лангез перепуган до дрожи.
Рим! Стань ты иным и уймись!

Письмо вынимает раздоры из ножен,
Мечом перерублено древко копья,
О Рим! Здесь проклятьем усобицы гложет,
И дух разрушенья не даст всем житья.

Вождь лондонцев править Америкой станет.
Шотландию холод во льды заковал.
Антихрист на троны и церковь восстанет,
Чтоб адский создать на земле идеал.

Весна, май и ужасы землетрясений,
Град будет крупнее утиных яиц.
Все звезды грозят нам бедой и смятеньем,
Деревья стряхнули встревоженных птиц.

Застряли у города части десанта,
Народные силы прогнали врага,
Противник уже не вернется обратно,
Чужой ему флот стал теперь его гнать.

Вся жизнь перепахана бешеным бунтом,
Раз Север мятеж направляет на Юг,
Свои бьют своих на обугленном грунте,
И кровь на кустах появилась не вдруг.

Вулкан как нарыв с раскаленною кровью,
Казалось, вокруг загорелись снега,
Ожоги и жертвы становятся новью,
У Реджио в ранах поля и луга.

Настанет большой ледниковый период,
Весь мир нарядив в горностаевый мех,
Костры среди льдов машут красною гривой,
Четверг надевает военный доспех.

Ну, с чем мы придем к двадцать первому веку?
Сошедший с горящего неба — теперь повелитель земли.
Конец и начало столетья мятежным живут человеком,
Открытие Марса свободе грозит.

Минувшее в нем оживет в настоящем,
И мысль сохранят, как вино в погребах.
Такой весельчак был бессмертьем украшен,
И церковь пред словом утратила страх.

До смерти всей жизни семь тысячелетий,
Но трупы воскреснут в истлевших гробах.
Пред Страшным Судом невзлюбившие света,
Пора, на колени, и ужас и страх!

Мир ждет повелителя света и знаний.
Казалось, что он никогда не придет.
Дорогу Гермеса мостят ожиданьем,
И гений Востока в любви оживет.

Его «отличили» в великом сенате,
Добро отобрав и лишивши всех прав,
Как нищий и раб, без надежд на расплату,
Он жил меж чужими, участья не знав.

Тех тридцать дотла разорили квириты,
Досталось доносчикам все их добро,
Изгнанники в трюме дощатом сокрыты,
Корсар их сменяет на шпаги и ром.

Внезапная радость сменяется грустью,
И Рим потеряет священный покой,
Кровь, слезы и плач будут вызваны жутью,
И войско врага растекалось рекой.

Столетья совсем перестроят дороги,
Кто может узнать прежний путь на Мемфис?
Меркурий с Гераклом ведут самокатные дроги,
И скорости эти сорвут Флер-де-Лис.

Король вместе с герцогом всех победили,
Огонь лижет бронзу тяжелых ворот,
Пожары разрушенный порт осудили,
Горящий корабль в воде не живет.

Сокровища скрыли в собор Гесперийцев.
Куда? Лишь немногим известен секрет.
Голодное рабство бунтует и злится,
Стремясь к золотому сиянью монет.

Не верьте восторгам последнего штурма!
Есть корни возмездья в гражданской войне.
Владеют кинжалы восстанием бурным,
И слезы и кровь заструятся сильней.

Мятеж этот вспыхнет стихийно, без знаков,
Шумя, выбегает из парка толпа.
Здесь звери рычат в омерзительной свалке,
И вот окруженец последний упал.

Кому из низов удается пробиться?
Верхи дорожат вековой высотой!
Не всем обойденным дано покориться,
И зависть командует ярой враждой.

Террор поражает и смелое слово.
Трибун из тюрьмы не отослан к врагу.
Смирившийся молит простить его снова:
Таких и законники не стерегут.

Гриффон будет править Восточной Европой,
Где белых и красных пьянят грабежи.
Весь Север глядится в духовную пропасть,
Второй Вавилон любит ритмы машин.

179

Кто будет посредник с империей смерти?
Спешит в Антиподы из Ниццы король.
Пал конь под ним; в лучшее время не верьте!
Грабеж побережья доставит нам боль.

Мы слезы и кровь осушить не сумели.
Конек на часах был давно нездоров.
Летят на горящую крепость в Марселе
Древесные бивни военных судов.

страна

Кирпич превратится в строительный мрамор.
Семь лет и полвека не будет войны.
Большой акведук восстановят недаром,
И полон плодов сад спокойной страны.

В столетьях сто раз умирают тираны,
Ученым и честным сдавая всю власть.
Не скоро затянутся старые раны,
Ведь низость и грязь не смогли обуздать.

Наука! Терпи переходное время!
Как зверь, начинает семнадцатый век.
Цвет серый и черный на крыльях из ангельских перьев,
И церковь суровый ведет человек.

Отцов ли удержишь от смелых стремлений?
И губят детей на глазах у отцов.
В Женеве народ вовлечен был в движенье,
И смяли вождя с деревянным лицом.

Пусть парус расширит границы империй,
И новый корабль летит над волной.
Гляди: две порфирных колонны украсили берег.
Держи, биакрийцы, заложников, это надежней, чем бой.

Тиран гонит чудо из лабораторий.
Немногих закон серафистский спасет.
И Вена с испанцем презрительно спорит,
Низмес, Орлеан с ней составят оплот.

Могучий король всей Испанией правит,
Чтоб с моря и суши ударить на Юг,
Теперь полумесяц всей сворой затравят,
Но тени крестов загрустили не вдруг.

Дождемся, когда обветшают мечети,
И рог полумесяца с неба собьют,
Двух ранят два «А» близ морей на рассвете,
И верой иною пришельцы живут.

Ко дну идут в бурях столетий триремы,
И летопись рвут, будто парус, ветра.
Пусть к варварам благостно жесткое время:
Клянет их историк разбегом пера.

Страна будет видеть вселенского зверя,
Все в клочьях роскошные ризы ее,
Купцы, забулдыги, скоты, всем вам не во что верить!
И пресное время здесь гнезда совьет.

Настанет период недолгих идиллий.
Волк, лев водят дружбу с быком и ослом.
Но манна с небес не летит в изобилье,
Бульдог сядет в лодку с военным веслом.

Быть Англии сильной владыкой империй,
Ждет слава ее моряков и солдат,
Ей три сотни лет будут многие верить,
Но луизитанец ей будет не рад.

Центурии XI и XII

Быть трем городам в отвратительных язвах:
Чума настигает Минье и Манти!
Уж фурией к Эксу несется зараза,
Разбою Фоценса открыты пути.

В фаготе сокрыты солдатские марши.
Раз рвут беспорядки Вильфранш и Миньон.
Нет! В мельницах, в неводе дух бунтарей не погашен!
Король! Защищайся от новых времен!

Повсюду пожары с клубящимся дымом,
Поднявшие бучу — в больших синяках.
Прованс мой! Несчастья неистребимы!
У нас фанатизм не меркнет никак.

Лион окружен Монтлуелем и Веной,
Стал труженик жертвой больших грабежей.
Гасконцы помочь собиралися силой военной,
Но близ Пуатье застревали уже.

Весь Кипр под угрозой свирепого штурма,
Развалины хлещет слезой, как дождем,
Флот турок и мавров и дерзок и буен,
Но скалы не мирятся с грозным вождем.

Разрушена молнией башня Эгеза.
Два тела не дружат с единой главой.
Здесь надвое поле разделит бездушье и дерзость,
На злого четыре поднимутся в бой.

Свой кров и свой град проклинают потомки,
Раз власть попирает нещадно закон.
Срывается с мест горожанин, ругаяся громко,
В бродягу теперь превращается он.

Отчаянный герцог сражается с принцем,
Две наших династии бьются за трон,
Ведь в каждой провинции кровь будет литься,
Свет меркнет под натиском черных времен.

Поверь, что раздоры начнутся в Марселе,
Бьет дикое пламя из новых идей.
Над миром мятежные гимны летели,
И все человечество гибнет везде.

Трибуны, мятеж и война жизнь изранят,
Иллюзии скроют великий обман,
Зов труб у Шато смешан с грубою бранью,
И сходит на землю преступная тьма.

Забьются сердца, и Лангдон содрогнется,
На каждый удар — тысячекратный ответ.
Пусть страх по земле далеко разольется:
В Гаронне, в Жиронде волнения нет.

Итак, реформатора ждите в Айове,
А в Лемоне дальняя плещет волна,
Обычаи предков сменяются новью,
Оковы иль счастье теряет страна?

Из кратера вырвется адское пламя.
Пусть реки с ручьями зальют это зло!
Я Франции правду столетий оставлю на память,
Раз смерть рушит замки и храмы крылом.

1555—1557

СОДЕРЖАНИЕ

Центурия I 5

Центурия II 29

Центурия III 45

Центурия IV 61

Центурия V 77

Центурия VI 93

Центурия VII 109

Центурия VIII 135

Центурия IX 151

Центурия X 167

Центурии XI и XII 183

Литературно-художественное издание

НОСТРАДАМУС
ЦЕНТУРИИ

Художественный редактор Илья Кучма

Технический редактор Татьяна Тихомирова

Корректоры Маргарита Ахметова,
Елена Байер, Татьяна Бородулина

Верстка Алексея Положенцева

Главный редактор Вадим Назаров

Директор издательства Максим Крютченко

ЛП № 000116 от 25.03.99.

Подписано в печать 08.07.99. Формат 80×100 $^1/_{32}$.
Гарнитура Garamond Light Condensed. Печать высокая.
Тираж 10 000 экз. Усл. печ. л. 8,9. Изд. № 18. Заказ № 1028.

Издательство «Азбука».
196105, Санкт-Петербург, а/я 192.

Отпечатано с готовых диапозитивов в ГПП «Печатный Двор»
Министерства РФ по делам печати, телерадиовещания
и средств массовых коммуникаций.
197110, Санкт-Петербург, Чкаловский пр., 15.